V&R

Kerstin Ziemen

Kompetenz für Inklusion

Inklusive Ansätze in der Praxis umsetzen

Mit 6 Abbildungen

Vandenhoeck & Ruprecht

Bibliografische Information der Deutschen Nationalbibliothek
Die Deutsche Nationalbibliothek verzeichnet diese Publikation in der
Deutschen Nationalbibliografie; detaillierte bibliografische Daten sind
im Internet über http://dnb.d-nb.de abrufbar.

ISBN 978-3-525-70166-9
ISBN 978-3-647-70166-0 (E-Book)

Umschlagabbildung: gualtiero boffi/shutterstock.com
Grafiken: Camilla Brands

© 2013, Vandenhoeck & Ruprecht GmbH & Co. KG, Göttingen /
Vandenhoeck & Ruprecht LLC, Bristol, CT, U.S.A.
www.v-r.de
Alle Rechte vorbehalten. Das Werk und seine Teile sind urheberrechtlich
geschützt. Jede Verwertung in anderen als den gesetzlich zugelassenen Fällen
bedarf der vorherigen schriftlichen Einwilligung des Verlages.
Printed in Germany.

Satz: SchwabScantechnik, Göttingen
Druck und Bindung: ⊕ Hubert & Co., Göttingen

Gedruckt auf alterungsbeständigem Papier.

Inhalt

Einleitung 7

I Kompetenz 15
Der kleine, aber feine Unterschied –
Kompetenz und »Kapital« 15
»Behinderung« und Kompetenz 23
Kompetente Eltern 30
Kooperationen mit Eltern/Familien 42

II Inklusion – Exklusion 47
Erfahrungen und Umsetzung – das Beispiel Reutte 53
»Bilder«, Vorstellungen, Konstruktionen
von »Behinderung« 58
Untersuchungsergebnisse 64

III Eine Schule für ALLE 79
Sich für Inklusion begeistern 79
Kompetenzen für schulische Inklusion 88

Fazit mit Blick auf Inklusion 125

Literatur 131

Einleitung

Das Thema Inklusion ist hoch aktuell. Lehrerinnen und Lehrer; Teams an Schulen; Schulleitungen; Schulämter; Ministerien ebenso wie all diejenigen, die sich mit der Bildung von Kindern und Jugendlichen befassen, sind davon betroffen.

»Inklusion startet nun doch später als geplant.« Mit dieser kurzen Information aus der Zeitung *Welt Kompakt* vom 27.12.2012 (S. 17) wird mitgeteilt, dass der »schrittweise Rechtsanspruch für behinderte Kinder (im Land Nordrhein-Westfalen, d.V.) auf ein Lernen mit nichtbehinderten Schülern erst ein Jahr später … zum Schuljahr 2014/15 starten« soll. Die Gründe sind vielschichtig: Zum einen bremst ein Streit zwischen Kommunen und Land über die Finanzierung der Inklusion das Verfahren, zum anderen habe es »auf einen Referentenentwurf (der Landesregierung, d.V.) teils widersprechende Rückmeldungen von den Verbänden gegeben, sagt Schulministeriumssprecher Jörg Harms. Den einen geht es zu schnell, den anderen zu langsam« (vgl. ebd.). Das Problem ist nicht neu. Seit über 40 Jahren beabsichtigen bzw. fordern Eltern und Fachleute, die schulische Integration von Kinder und Jugendlichen mit Behinderung. Als Gegenargument werden immer wieder die fehlenden finanziellen und sächlichen Ressourcen ins Feld geführt. Georg Feuser konstatiert:

Politischer Wille und politische Entscheidungen müssen als gesellschaftliche verstanden werden. Sie humanwissenschaftlich zu ›alibisieren‹ oder als zu teuer zurückzuweisen, sind Schutzbehauptungen zu Lasten der betroffenen Menschen. Es hat sich stets gezeigt, dass, was politisch gewollt wird, auch finanzierbar ist (z. B. die so genannte Wiedervereinigung oder die milliardenschweren Rettungsschirme). Was politisch nicht gewollt wird, wird mit fehlenden Finanzen und Sachzwängen begründet. (Feuser 2012, 496)

Georg Feuser plädiert dafür, stets auszuloten auf welcher Ebene die Diskussion geführt wird, ob auf politischer oder pädagogischer Ebene.

Die Pädagogik steht ... ständig in der Gefahr, Probleme gesellschaftlicher und politischer Natur, die sich ihr stellen, mit pädagogischen Mitteln lösen zu wollen, wofür sie selbstverständlich keine Instrumentarien hat, wenngleich sich durch die Kinder und Jugendlichen die gesellschaftlichen Probleme und Widersprüche in Feldern der Pädagogik in besonderer Weise artikulieren. (Feuser 2012, 493)

Inklusion als menschenrechtsbasierte Forderung zielt auf die Umsetzung der im März 2009 durch Deutschland ratifizierten UN-Behindertenrechtskonvention (BRK).
Neben vielen anderen Staaten hat sich auch Deutschland verpflichtet, ein inklusives Bildungssystem (»at all levels«) aufzubauen.
Auch wenn Deutschland schon über 40 Jahre hinweg die integrative Idee verfolgt, Modelle entwickelt und Umsetzungsmöglichkeiten vor allem im schulischen Kontext erprobt hat, ist die integrative bzw. die mit Blick auf Inklusion ausgerichtete Schullandschaft noch kaum entwickelt.
In Deutschland und anderen deutschsprachigen Ländern (z. B. Österreich) setzten und setzen sich bis heute insbesondere die Eltern und Familien für eine Schule für ALLE Kinder und Jugendlichen ein. Sie fordern entsprechende Rahmenbedingungen zur Umsetzung der inklusiven Idee, vor allem

pädagogische Qualität, die den neuesten Erkenntnissen entspricht. Georg Feuser sieht

> das zentrale Problem der pädagogischen Bewältigung der Integration/Inklusion … in der Lösung der damit verbundenen didaktischen Fragen und das zentrale Problem ihrer politischen Bewältigung in den Strukturen des bestehenden Bildungssystems, das ausschließlich selektions-, ausgrenzungs- und segregationspotent ist und der Inklusion diametral entgegengesetzt. (Feuser 2012, 493)

In diesem Buch wird vornehmlich die pädagogische bzw. didaktische Dimension berücksichtigt. Damit werden wesentliche, für pädagogische und didaktische Prozesse relevante Kompetenzen dargestellt.

Die Themen »Inklusion« und »Kompetenz« sind für mich persönlich von besonderer Bedeutung. Seit 1985 beschäftige ich mich intensiver mit der Umsetzung der integrativen Idee in Kindergarten und Schule. Zunächst war der vorschulische Bereich im Fokus. In Magdeburg (heutiges Sachsen-Anhalt) wurden seit diesem Zeitpunkt so genannte »Diagnostikgruppen« an Kindergärten bzw. Schulen (Vorschulen) eingerichtet. Kinder mit unterschiedlichen Diagnosen wurden in diese Gruppen aufgenommen und jeweils in Teams von zwei sonderpädagogisch ausgebildeten oder sonderpädagogisch weitergebildeten KindergärtnerInnen begleitet. FachberaterInnen für Kindergärten standen den Teams zur Seite und haben diese beraten. Darüber hinaus wurden die Kinder und ihre Familien von PsychologInnen begleitet. Diese suchten die Kinder in den Kindergärten auf, beobachteten sie dort und gaben den KindergärtnerInnen Empfehlungen.

Ziel war es, die Kinder (sobald als möglich) wieder in ihre ursprünglichen Gruppen zu »integrieren«, was jedoch nur in den seltensten Fällen gelungen ist, da sich die Rahmenbedingungen in den ursprünglichen Gruppen nicht veränderten.

Auch heute zeigt sich, dass Integration bzw. Inklusion nur gelingen kann, wenn die Bedingungen so verändert werden, dass der Gruppe bzw. Klasse und jedem Einzelnen mit seinen Bedürfnissen, Interessen und Potenzialen entsprochen wird. Grundlegend dafür ist (das wird in diesem Buch in verschiedenen Kontexten deutlich) eine offene Haltung und die Überzeugung, dass jede/jeder mit ihren/seinen Möglichkeiten die Gruppe bzw. Klasse bereichern kann.

Eine offene, vorurteilsfreie (bzw. vorurteilsbewusste) Haltung einzunehmen, stellt sich jedoch oft als schwierig dar.

In seinem Buch *Fremdheit als Ressource* (2005) setzt sich Helmwart Hierdeis (Psychoanalytiker und Pädagoge) mit dem Phänomen der »Fremdheit« auseinander. Dabei bezieht er sich auf Alois Hahn und seine These:

> Jeder Mensch ... kann seine Selbstbestimmung nur dann entwickeln und praktizieren, wenn er die Chance hat, anderen partiell fremd zu bleiben und sich damit ihrer Kontrolle teilweise zu entziehen. (Hierdeis mit Verweis auf Hahn 2005, 8).

Hierdeis arbeitet heraus, dass der »Blick auf Fremdheit« durchaus Chancen und Vorteile (vgl. ebd.) bietet und eine Auseinandersetzung mit den eigenen Haltungen und Einstellungen anderen Menschen gegenüber möglich macht. Dabei nimmt er den Bezug zur »Interkulturalität«. Hierdeis schreibt:

> Menschen anderer Ethnien und Kulturen sind heute sichtbarer als früher, und wo sie uns nicht persönlich vor Augen treten, werden sie uns medial präsentiert. In jedem Fall rufen sie subjektive, kollektive und politische Reaktionen hervor. Themen aber, von denen ein Entscheidungs- und Handlungsdruck ausgeht, erfahren im Bewusstsein und im Diskurs leicht eine

Einleitung

> Reduzierung der Komplexität, weil die Suche nach raschen Lösungen den Blick verengt. So wird gemeinhin die Tatsache, dass die Zuschreibung von Fremdheit etwas mit den Zuschreibenden selbst zu tun hat, gerne übersehen. (ebd.)

Es erfolgt dann eine intensive Auseinandersetzung mit dem Begriff »Fremdheit« bzw. dem »Fremden«, wobei Hierdeis herausstellt, dass das »Fremde« mit »Gefühlen, Bedürfnissen und Beweggründen« (ebd., 45) zu tun hat, mit »Bedeutungen versehen ist und zur Auslegung auffordert« (vgl. ebd.). Ich kann Fremdes verinnerlichen, es kann zum Eigenen werden, ebenso kann ich mich davon abgrenzen und darüber mich selbst »konstituieren« (vgl. ebd., 48 f.). Er konstatiert:

> Insofern geht mir Fremdes immer nahe. Ich bin auf Fremde angewiesen, ohne das Fremde gibt es mich nicht. Andererseits ist es ... etwas, zu dem mein Selbst nur schwer in eine Balance zu bringen ist. (ebd., 49)

Trotz dieser Ambivalenz arbeitet Hierdeis die Chancen und Vorteile heraus, die nicht immer sofort bewusst sind. So resümiert er:

> Fremdheit entpuppt sich ... in ihren vielfältigen Gestalten als unabdingbar für die Konstituierung des Selbst, für die Ordnung seiner ›Welt‹, für sein Lernen, seine Bildung und seine humane Entwicklung überhaupt. Sie regt die Neugier an, stellt die Identitäten von Individuen, Gesellschaften und Kulturen auf den Prüfstand, provoziert Neudefinitionen, befreit aus subjektiver Befangenheit, ... bewahrt vor subjektiver Erstarrung und kultureller Entropie, ... erzwingt neue Verständigungsformen, erweitert Denken, Fühlen und Handlungsmöglichkeiten, legt kreativere Lebensentwürfe nahe, ... und sichert individuelle wie gesellschaftliche Freiheitsräume.

Kurz: Fremdheit ist eine unverzichtbare, nicht auszuschöpfende Ressource. (ebd. 125)

Diese Erkenntnisse sind für die Entwicklungen mit Blick auf Inklusion generell entscheidend. Die schulischen Akteure werden mit dem Phänomen des »Fremden« bzw. mit Fremdheitswahrnehmungen konfrontiert, die, wenn sie als Bereicherung angesehen werden, der eigenen Entwicklung zuträglich sind.

Erfahrungen zeigen, dass es Lehrpersonen, Teams und Schulen, die die anstehenden Entwicklungen generell als eigenen Lernprozess bewerten, bei dem sie die Chance nutzen können, sich selbst und ihre Perspektive zu verändern, besser gelingt, eine offene Haltung einzunehmen. Zumeist haben sie auch weniger Befürchtungen, die anstehenden Prozesse nicht bewältigen zu können.

Dieses Buch bezieht sich maßgeblich auf den schulischen Bereich; gleichwohl tangiert Inklusion alle Lebensbereiche und Lebensphasen, alle gesellschaftlichen Felder und Orte der Begegnung zwischen Menschen. Prinzipiell stellt die Umsetzung von Inklusion eine der größten humanen Aufgaben der Gesellschaft dar.

Ich werde hier jedoch die pädagogische bzw. didaktische Ebene beschreiben. So bleiben die Kompetenzen auf den Mikrokosmos »Schule/Unterricht« beschränkt, wohlwissend, dass das Schulsystem durch andere Felder beeinflusst wird, wie beispielsweise Politik, Recht, Kultur etc. Die Diskussion über die Verhältnisse zwischen den einzelnen Feldern und die sich daraus ergebenden Widersprüche wird an dieser Stelle nicht geführt.

Ich werde darüber hinaus nicht von »inklusiver Schule« oder »inklusivem Unterricht« sprechen, sondern von »Unterricht oder Schule mit Blick auf Inklusion«.

Die »Augenpaare-Collage« auf dem Cover dieses Bandes steht für »Inklusion« an sich und soll Verschiedenheit, Individualität und den Blick auf den Prozess aus unterschiedlichen Perspektiven kenntlich machen. Dabei trägt jede einzelne Sichtweise entscheidend zur Sichtweise aller bei.

Zu den grundlegende Begriffen »Kompetenz« und »Inklusion« werden Forschungsbefunde vorgestellt und diskutiert.

In einem ersten Kapitel wird der Begriff der »Kompetenz« erläutert. Die bisherige Forschung zu den Kompetenzen von Eltern von Kindern und Jugendlichen mit Behinderung verweist vor allem darauf, dass die Kompetenzen auf verschiedenen Ebenen anerkannt werden können, besser noch: müssen. Zugleich wird jedoch deutlich, dass diese im Kontext der zumeist erfahrenen »sozialen Regelverletzungen« bzw. der sich entwickelnden Widersprüche und der Gesamtsituation der Familien zu erklären sind. Die Kompetenzen von Eltern sind sowohl für die allgemeine Beratung in der Schule zu berücksichtigen als auch für die konkrete didaktische bzw. diagnostische Arbeit.

In einem zweiten Kapitel erfolgt die Auseinandersetzung mit den Begriffen »Inklusion« und »Exklusion«. Zugleich werden gelingende Entwicklungen (am Beispiel Reutte/Österreich) vorgestellt.

Darüber hinaus zeigen Forschungsbefunde zu Bildern, Vorstellungen und Konstruktionen von »Behinderung« wie manifest das zumeist negativ konnotierte Bild von »Behinderung« ist.

Wenn Haltung und Einstellung sowohl zu Inklusion als Prozess als auch zur Unterschiedlichkeit der Kinder und Jugendlichen (und auch deren Familien) die Grundlage für gelingende Prozesse mit Blick auf Inklusion bildet, ist schließlich auch die Diskussion darüber zu führen, wie sich manifeste negativ konnotierte Bilder erschüttern, irritieren oder verändern lassen.

Das dritte Kapitel bezieht sich auf integrative/inklusive Prozesse in schulischen Kontexten. Die erforderlichen Kompetenzen, insbesondere die auf didaktische und diagnostische Prozesse ausgerichteten, werden vorgestellt und diskutiert. Verschiedene didaktische Modelle geben Anregungen für die Analyse, Reflexion, aber auch die Organisation von Unterricht.

In einem Fazit werden die Erkenntnisse zusammengefasst. Den Blick auf Inklusion zu richten, heißt u. a.:
- Vielfalt als Chance und
- Fremdheit als Ressource anzuerkennen;
- sich gemeinsam mit anderen auf den Weg zu machen und
- sich selbst als Akteur des Prozesses zu sehen;
- sensibel für Teilhabechancen und -möglichkeiten sowie zugleich für Exklusionsrisiken und -praktiken zu sein;
- Widersprüche zu erkennen und ggf.
- die eigene Perspektive zu ändern.

I Kompetenz

Der kleine, aber feine Unterschied – Kompetenz und »Kapital«

Seit längerer Zeit spielt der Begriff der »Kompetenz« in der Pädagogik eine zentrale Rolle. Die Kompetenzen der Kinder und Jugendlichen rücken dabei in pädagogischen und didaktischen Prozessen in den Vordergrund. Lehrpersonen müssen sehr gut beobachten können, um herauszufinden, was die Kinder oder Jugendlichen können bzw. welche Voraussetzungen und Erfahrungen sie bereits gesammelt haben und in den pädagogischen Prozess einbringen.

Aber nicht nur das: Auch Eltern und Bezugspersonen werden im Rahmen der Kooperation mit Fachleuten mit ihren Kompetenzen wahrgenommen. Ihnen kommt eine Expertenrolle vor allem für ihre eigene Situation und die ihres Kindes zu. Hier sind die Lehrpersonen gefordert, die Kompetenzen der Eltern anzuerkennen und in die pädagogische Arbeit einzubeziehen.

Bereits mit meiner im Jahr 2001 abgeschlossenen Habilitation habe ich mich mit dem Phänomen der »Kompetenz« auseinandergesetzt. Da das 2002 erschienene Buch »Das bislang ungeklärte Phänomen der Kompetenz – Kompetenzen von Eltern behinderter Kinder« (AFRA-Verlag, Butzbach-Griedel 2002) vergriffen ist, die Erkenntnisse jedoch bis heute hoch aktuell sind, werde ich diese hier aufnehmen und im Weiteren dann mit Blick auf Inklusion diskutieren.

Der Begriff der »Kompetenz« ist aus dem (pädagogischen) Wortschatz nicht mehr wegzudenken. Kompetenz scheint zumeist – ähnlich einem »Merkmal« oder einer »Eigenschaft« – einer Person, einer Gruppe von Personen oder einer Institution anzuhängen und als »Gütesiegel« zu fungieren. Mit zugesprochenen Kompetenzen wird stets »hohe Qualität« bzw. eine besondere Leistung quittiert. Hoch springen, Geige spielen, komplizierte mathematische Aufgaben lösen zu können sind Beispiele für Kompetenzen, die an die entsprechenden Fähigkeiten von Personen gebunden sind.

Der Begriff der Kompetenz wird oftmals synonym zu Begriffen, wie »Fähigkeit«, »Stärke« und »Ressource« gebraucht. Das ist Anlass genug, hier genauer nachzuforschen, worin ggf. Unterschiede, aber auch Gemeinsamkeiten zwischen den Begriffen bestehen.

Vor allem aus fachlicher Sicht ist es erforderlich, die verwendeten Begriffe genau zu kennen und sie bewusst zu gebrauchen. Der Soziologe Pierre Bourdieu (1930–2009) macht darauf aufmerksam, indem er schreibt:

> Man muß die Begriffe ernst nehmen, sie kontrollieren und vor allem im Forschungsprozess kontrolliert, überwacht, mit ihnen arbeiten. Nur so lassen sie sich nach und nach verbessern. (Bourdieu 1993, 115)

Wissenschaft zeichnet sich durch Prägnanz und Verdichtung von Erkenntnissen aus. Dominantes Ziel muss begriffliche Klarheit sein. Dies verspricht innerdisziplinär und interdisziplinär Vorteile für die Verständigung. Dennoch, je gewöhnlicher ein Begriff erscheint, umso selbstverständlicher wird davon ausgegangen, dass die Bedeutung von allen Beteiligten geteilt wird.

Der russische Psychologe Lev Semjonowitsch Vygotskij (zugleich Wygotski) macht die Notwendigkeit deutlich, sich mit Begriffen auseinanderzusetzen. Er schreibt:

> Jeder Begriff bildet gewissermaßen Bereitschaften, Dispositionen zu bestimmten Bewegungen des Denkens. Im Bewusstsein ist daher jeder Begriff als eine Figur auf dem Grund der ihm entsprechenden Beziehungen der Allgemeinheit dargestellt. Aus diesem Grund wählen wir die für unser Denken notwendige Richtung. (Wygotski 1964, S. 237)

Zunächst werde ich der Frage nachgehen, wo der Begriff der »Kompetenz« seine Ursprünge hat.

Der aus dem Lateinischen stammende Begriff *competentia* wird im klassischen Latein nur in der ursprünglichen Bedeutung von »Zusammentreffen« (z. B. bei der Konstellation von Gestirnen) verwendet (vgl. Ritter u. Gründer 1976, 918). Der Kompetenzbegriff im römischen, gemeinen und kanonischen Recht bezeichnet seit dem 13. Jh. »die jemandem zustehenden Einkünfte, den notwendigen Lebensunterhalt, besonders den Notbedarf eines Klerikers« (ebd., S. 917). Im 19. Jh. ist der Begriff in der deutschen Militärsprache bzw. in militärrechtlichen Bestimmungen zu finden. Er bezeichnet all das, was

> Teilen oder Angehörigen des Heeres und der Marine an Geld, Naturalien, Unterkunft, Bekleidung usw. gewährt werden muß. Die verschiedenen Kompetenzen, wie etwa ›Löhnungs-Kompetenz‹, ›Feld-Kompetenz‹, ›Marsch-Kompetenz‹ wurden im Haushalt des Heeres geregelt. (ebd., S. 919)

Damit kennzeichnet »Kompetenz« etwas, »was einer zur Nothdurfft« (ebd.) hat oder braucht.

Im öffentlichen Recht schließlich gebrauchten die römischen Gelehrten den Begriff nicht als Substantiv *competentia*, sondern nur als Adjektiv *competens*, was so viel heißt wie: »zuständig, befugt, rechtmäßig, ordentlich zu sein«. Dieses Adjektiv wurde auf einen Einzelnen (in der Regel einen Beamten) bezogen und kennzeichnete ihn persönlich als »geeignet bzw. zuständig«.

Die Betrachtung des Begriffes im Spiegel verschiedener Wissenschaften, wie z. B. der Biologie, Immunologie oder Zoologie, erbringt, neben den oben angeführten Bedeutungen von Befugnis und Berechtigung, die Erweiterung auf das »Erwerben« oder den »Verlust« von Kompetenzen. Angenommen werden kann, dass spätestens damit die noch heute gebräuchliche Bedeutung von »Kompetenz« im Sinne eines Merkmals oder einer Eigenschaft, die man erwerben oder verlieren kann, einhergegangen sein muss.

Aus psychologischer Sicht (vgl. Vorwerg/Schröder 1980, 126 ff.) ist Kompetenz als Verhältnis zwischen den Anforderungen an eine Person und den verfügbaren Funktionspotenzen (der Handlungsregulation) definiert. Stehen Menschen vor bestimmten Anforderungen, können sie Fähigkeiten entwickeln, die deutlich höher sind, als die bislang Verfügbaren.

Über die bislang dargestellten Erklärungsansätze hinaus ist m. E. insbesondere die soziologische Sicht Pierre Bourdieus interessant. Die von ihm entwickelte Kapitaltheorie macht weitere Facetten des Kompetenzbegriffes deutlich.

Der Begriff des »Kapitals« wird bei Bourdieu – abgesehen von ökonomischem Kapital (z. B. Geld, Güter) – auf kulturelle und soziale Aspekte bezogen.

> Kapital ist akkumulierte Arbeit, entweder in Form von Materie oder in verinnerlichter ›inkorporierter‹ Form. (Bourdieu 1983, 183)

Bourdieu unterscheidet zwischen ökonomischem, kulturellem und sozialem Kapital.

> Das ökonomische Kapital ist unmittelbar und direkt in Geld konvertierbar, ... das kulturelle Kapital ist unter bestimmten Voraussetzungen in ökonomisches Kapital konvertierbar und eignet sich besonders zur Institutionalisierung in Form von

schulischen Titeln; das soziale Kapital, das Kapital an sozialen Verpflichtungen und Beziehungen, ist unter bestimmten Voraussetzungen ebenfalls in ökonomisches Kapital konvertierbar ... (ebd., 185)

D. h., jede/jeder von uns verfügt über ökonomisches, kulturelles und soziales »Kapital« und setzt dieses je nach Erfordernis ein. Insbesondere gehe ich im Folgenden auf das »kulturelle« und »soziale« Kapital ein.

»Kulturelles Kapital« bezeichnet Bourdieu auch als »Informationskapital« (ebd.), welches wiederum in drei Formen existiert (vgl. auch Ziemen 2002, 86): »inkorporiert, objektiviert und institutionalisiert« (Bourdieu 1983, 185). So kann diese Kapitalsorte in objektiviertem Zustand in Form von Literatur, Kunstwerken, technischen Geräten ... vorliegen. Die Aneignung erfolgt über inkorporiertes Kapital, z. B. über die »Verfügung über kulturelle Fähigkeiten, die den Genuss eines Gemäldes oder den Gebrauch einer Maschine erst ermöglichen« (Bourdieu 1983, 188). Jedes Bild, das ein Kind malt; jede Geschichte, die es schreibt; jedes Bauwerk, welches es erstellt, ist ein Ausdruck »objektivierten kulturellen Kapitals«.

»Kulturelles Kapital« wird angeeignet bzw. inkorporiert, d. h., kulturelles Wissen, Fähig- und Fertigkeiten sind an eine Person gebunden bzw. mit einer Person verbunden. Prozesse des Lernens führen zu inkorporiertem Kapital in Form von Wissen, Fähigkeiten, Fertigkeiten und Können. Die Inkorporierung von Kapital kostet Lehr- und Lernzeit, die »vom Investor selbst investiert werden« (Bourdieu 1983, 186) muss.

Kinder kommen mit unterschiedlich inkorporiertem Kapital in die Schule. Dies ist abhängig von ihrer bisherigen Geschichte, der Sozialisation, von bisherigen Erfahrungen und Erlebnissen, von dem Zugang zu »Feldern« und sozialen Räumen (z. B. ist auch die Schule solch ein Feld). Wie wir heute wissen, muss den unterschiedlichen Voraussetzungen, mit denen Kinder in die Schule kommen, entsprochen werden. Bislang gelingt es noch nicht ausreichend, dieser vorfindbaren »sozialen Ungleichheit« schulisch zu entsprechen. So lange dieses nicht gelingt, müssen Eltern/Familien zusätzlich (ökonomisch, z. B. in Form von Nachhilfe) investieren.

Die dritte Form kulturellen Kapitals ist das »institutionalisierte« in Form von Titeln und Abschlüssen. Besondere Relevanz wird dieser Kapitalsorte beim Zugang zum Arbeitsmarkt zuteil. Inkorporiertes Kapital ist entscheidende Voraussetzung für objektiviertes und institutionalisiertes Kapital.

Eine weitere Kapitalsorte ist die des »sozialen Kapitals«. Als »soziales Kapital« kann alles bezeichnet werden, was als Ressource durch die Zugehörigkeit zu bestimmten Gruppen von Menschen besteht. Dieses entsteht durch die Nutzung »eines dauerhaften Netzes ... von Beziehungen gegenseitigen Kennens und Anerkennens« (Bourdieu 1992, 63). Anders ausgedrückt,

> ... das soziale Kapital ist die Summe der aktuellen oder virtuellen Ressourcen, die einem Individuum oder einer Gruppe aufgrund der Tatsache zukommen, dass sie über ein dauerhaftes Netz von Beziehungen ... verfügen; sie ist also die Summe allen Kapitals und aller Macht, die über ein solches Netz mobilisierbar sind. (Bourdieu/Waquant 1996, 151f.)

Für den Aufbau, das Aufrechterhalten und die Reproduktion dieses spezifischen Kapitals ist

> unaufhörliche Beziehungsarbeit in Form von ständigen Austauschakten erforderlich, durch die sich die gegenseitige Anerkennung immer wieder neu bestätigt. (Bourdieu 1983, 193)

Jeder Mensch verfügt über Kontakte und Beziehungen zu anderen Menschen und kann diese Kontakte als Kapital nutzen. Freunde, Bekannte, Familie, Nachbarn, Professionelle können zu diesem Netz an sozialen Beziehungen gehören. Durch Dialoge, Kommunikation und damit sozialen Austausch wird dieses Netz aufrecht erhalten. Hierbei kommt Vygotskijs Theorem der »Zone der nächsten Entwicklung« (vgl. Vygotskij 1987, 78 ff.) besondere Bedeutung zu. Diese entsteht in gemeinsamen Tätigkeiten mit anderen und ist zugleich ein Möglichkeitsraum für Entwicklung.

Eine besondere Form des Kapitals ist die des »symbolischen Kapitals«. »Symbolisches Kapital« ist »Kapital an sozialem Prestige, Renommee« (Schwingel 1993, 79). Weitere Synonyme dafür wären »Ansehen«, »Ruhm«, »Ehre« bzw. »Reputation«.

Alle Kapitalsorten (kulturelles und soziales) sind in symbolisches Kapital konvertierbar. Das setzt Wertschätzung und Anerkennung voraus. Es muss jeweils andere Menschen geben, die das Kapital als solches würdigen. Bourdieu konstatiert:

> Kompetent sein heißt, das Recht und die Pflicht zu haben, sich mit etwas zu befassen. ... das wirkliche Gesetz ... ist das Gesetz, dass politische Kompetenz, Sachkompetenz, wie alle Kompetenzen eine soziale Kompetenz ist. Das bedeutet nicht, dass es keine Sachkompetenz gäbe, aber es heißt, dass die Neigung, das zu erwerben, was man Sachkompetenz nennt, um so größer ist, je mehr soziale Kompetenz man hat, das heißt, je mehr man sozial als würdig und also als verpflichtet anerkannt ist, diese Kompetenz zu erwerben. (Bourdieu 1993, 227 f.)

Jegliche Kompetenz ist damit »soziale Kompetenz«. Fähigkeiten, Fertigkeiten, das Können bzw. Vermögen (etwas zu tun, zu sprechen, zu denken, etwas zu leisten ...) wird erst dann zur Kompetenz, wenn es durch andere anerkannt und wertgeschätzt wird. Damit ist die Kompetenz nicht ausschließlich »Fähigkeit« oder »Eigenschaft«. Sie kann über das jeweilige kulturelle und soziale Kapital beschrieben werden.

»Kompetenz« umfasst ein spezifisches »Vermögen« bzw. einen Komplex von Fähigkeiten, der auch durch die Anforderungen, die an das Kind, den Jugendlichen, den Erwachsenen gestellt werden, gekennzeichnet werden kann.

Lehrpersonen/Teams tragen im schulischen Feld eine besondere Verantwortung dafür, die jeweiligen Kompetenzen der Kinder und Jugendlichen zu erkennen und anzuerkennen. Die folgende Übersicht stellt den erforderlichen Zusammenhang zwischen der Haltung/Einstellung, der Anerkennung und der Fähig- bzw. Fertigkeiten dar.

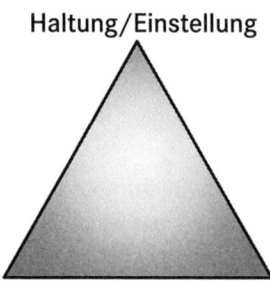

Abbildung 1: Kompetenz

Für die »Fähig- und Fertigkeiten« kann ebenso das gezeigte »Können«, das Gesamt der Handlungen bzw. Verhaltensweisen eines Menschen stehen. Die trianguläre Darstellung ermöglicht eine Analyse. Folgende Fragen dazu sind hilfreich:
- Was nehme ich an dem/der Anderen wahr (z. B. eine Handlung, ein Verhalten, eine Fähigkeit)? In welchen Situationen nehme ich dies wahr?
- Wie bewerte ich das Wahrgenommene? Warum bewerte ich so?
- In welcher Beziehung stehe ich zum/zur Anderen? Wie erscheint mir der/die Andere?

Diese Analyse ermöglicht es, sich selbst vor Augen zu führen, was als »Kompetenz« anerkannt bzw. aberkannt wird. Eine im Team oder mit den Eltern/Bezugspersonen geführte Diskussion darüber, kann ggf. die eigene Perspektive ändern.

»Behinderung« und Kompetenz

Die Erfahrungen zeigen, dass Kinder und Jugendliche, die unter den Bedingungen von (Feststellungs-)Diagnosen leben und aufwachsen, zumeist in ihren Entwicklungsmöglichkeiten unterschätzt werden. Nicht selten werden Kompetenzen nicht oder unzureichend erkannt bzw. anerkannt. Das führt bei den Betreffenden nicht nur zu Irritation, sondern zu Stress, der wiederum die Entwicklung der Kinder und Jugendlichen negativ beeinflusst.

> Hinter der gesellschaftlichen Brandmarkung ... sind die festgestellten Symptome ... Folge einer Isolation durch die Art der Störung. So können sie als Ausdruck von Kompetenz unter diesen isolierenden Bedingungen verstanden werden, eine Kompetenz, deren Problem nicht in dieser Art von Symptomen liegt, sondern im Fehlen von Alternativen! Hinter der ideologischen Entschlüsselung der psychopathologischen Problematik hat nun die dialektische zu erfolgen, um die notwendigen Handlungsspielräume zu eröffnen. (Jantzen/Lanwer-Koppelin 1996, 5/6)

Georg Feuser z. B. bezeichnet »geistig Behinderte«, als diejenigen, die »unter ihren Bedingungen (als, d.V.) effizient lernende, logisch denkende und kompetent handelnde Menschen« (Feuser 2000, 162) wahrzunehmen sind, wenn bedacht wird, dass für sie »gesellschaftliche Ächtung, sozialer Ausschluss, bildungsmäßiger Reduktionismus und Anwendung von als Therapie kaschierter Gewalt« (vgl. ebd.) als »soziale Realität« (ebd.) existiert.

Betrachtet man die Tatsache, dass Kompetenzen über die Zuerkennung »symbolischen Kapitals« in Erscheinung treten und Pädagogen und Psychologen diese Kompetenzen zu- oder aberkennen können, so ist mit der Anerkennung der Kompetenzen oder vielmehr der Anerkennung des Menschen als »kompetent« Folgendes verbunden:
- Vernunft nicht abzusprechen,
- jeden Menschen wertzuschätzen, nicht auszugrenzen und
- adäquate Unterstützung für seine/ihre Entwicklung anzubieten.

So geht es im Grunde nicht um die Positivierung der Sachverhalte oder gar um ein Negieren der biologischen Disposition, sondern darum, die biologische, psychische und soziale Ebene des Menschen im Verhältnis zueinander zu erkennen, zu verstehen bzw. ggf. Erklärungen zu finden.

Allein die Tatsache, unter den Bedingungen eines Syndroms aufzuwachsen (hier Trisomie 21), kann dazu führen, offensichtliche Fähigkeiten, Fertigkeiten und das Vermögen, etwas zu können, nicht anzuerkennen, wie folgendes Beispiel zeigt:

Beispiel Gaby

Ich lerne Gaby, eine 17-Jährige, die unter den Bedingungen von Trisomie 21 aufwächst, zunächst auf einem pädagogischen Kongress beim Vortrag eines Kollegen kennen. Sie besucht den Fachvortrag mit ihrer Mutter, macht sich Notizen und kommentiert die Aussagen meines Kollegen an einigen Stellen mit: »Genau, Herr A.«, »Das sehe ich auch so«. Ich bin ziemlich beeindruckt. Es ist nicht sehr häufig der Fall, dass Menschen mit Trisomie 21 an Fachvorträgen teilnehmen bzw. dazu ihre Kommentare abgeben. Am Ende des Vortrages stellt mein Kollege den Kontakt zwischen Mutter, Tochter und mir her. Nachdem wir uns nach einem ersten Gespräch aus den Augen verloren haben, meldet sich die Mutter von Gaby ein Jahr später bei mir. Sie bittet um Unterstützung.

Was ist passiert? Es ist Ende des Schuljahres und Gaby soll kein (Noten-)Zeugnis bekommen, obwohl sie Tests und Arbeiten in fast allen Fächern mitgeschrieben hat und diese auch benotet worden sind. Dennoch wird die Benotung auf dem Zeugnis ausgesetzt – außer in Deutsch und Englisch, wo sie aber auch nicht korrekt erfolgt. Mutter und Tochter sind ratlos und irritiert, nehmen den Kontakt zur Schulleiterin auf. Diese weiß von nichts, verspricht aber das Problem zu lösen.

Für mich stellt sich die Frage (so wie für Mutter und Tochter auch): Warum werden die erbrachten Leistungen nicht als solche anerkannt? Es folgen Gespräche mit den LehrerInnen, dem Schulamt und der Bezirksregierung, jedoch ohne Erfolg. Es gibt lediglich ausweichende Erklärungen:

»Die Leistungen sind nicht vergleichbar mit denen anderer SchülerInnen der Klasse.«

»Gaby sollte nicht frustriert werden, darum wurden andere Aufgaben gestellt.«

»Von zielgleicher Unterrichtung ist nie die Rede gewesen.«

Hierzu berichtete die Mutter, dass die LehrerInnen bis zur Klasse 8 stets betont hatten, dass Gaby zielgleich unterrichtet werde, sogar in Mathematik, was sich dann später aber doch änderte.

Mit folgender Aussage wurde die Mutter konfrontiert:

»Down-Syndrom heißt doch ›praktisch bildbar‹. Was wollen Sie eigentlich?!«

Das irritiert nun noch mehr. Mutter und Tochter sind bislang von anderen Voraussetzungen ausgegangen, zielten durchaus einen Schulabschluss an. Auch bei unserem gemeinsamen Gespräch mit der Schulleitung und den LehrerInnen erweist sich die Diskussion als hartnäckig und festgefahren. Die Schule verteidigt ihren Vorschlag bzw. die bereits getroffene Entscheidung, Gaby zum Ende des Schuljahres eine berufliche Perspektive bieten zu wollen. Es solle doch darüber nachgedacht werden, »was das Beste für Gaby ist«. Das Beste für Gaby, ohne sie selbst danach gefragt zu haben? Für die SchulvertreterInnen scheint das unproblematisch. Den LehrerInnen ist klar, dass »das Beste« für Gaby darin besteht, ihre »lebenspraktischen Fähigkeiten« zu erweitern. Damit könnte sie beruflich in den hauswirtschaftlichen Arbeitsbereich einsteigen – und das sobald wie möglich. Die Abwärtsspirale wird nur allzu deutlich. Aus einer in fast allen Fächern zielgleich unterrichteten Schülerin wird binnen kürzester Zeit eine Schülerin, die als »praktisch bildbar« eingestuft wird. Damit ist ein weiterer Schulbesuch nicht vorgesehen. Das stützt auch die Bezirksregierung. Negativ konnotierte Bilder von »Trisomie 21« sind selbst bei den SonderpädagogInnen manifest und kaum zu erschüttern.

Was tun? Ich möchte mit Gaby selbst sprechen und besuche sie und ihre Mutter an einem heißen Sommertag in ihrem kleinen, gemütlich eingerichteten Häuschen.

Zunächst treffe ich Gaby an, die mir freundlich und selbstbewusst die Tür öffnet und mir mitteilt, dass ihre Mutter Kuchen für unser gemeinsames Kaffeetrinken holt. Aufgrund einer sehr spät diagnostizierten Hörwahrnehmungsstörung nutzt sie ein Hörgerät, welches sie nun, damit wir uns besser verständigen können, aus ihrem Zimmer holt. Ich habe Gelegenheit, mich mit ihr ausgiebig zu unterhalten. Ich bin beeindruckt von ihrer Art zu sprechen und mir das kleine Haus zu zeigen. Ihr Zimmer im ersten Stock ist jugendlich ausgestattet. Es sind Ferien, aber ihre Schulbücher für das neue Schuljahr stehen schon geordnet im Regal. Sie erzählt mir, dass sie gern liest, beispielsweise derzeit *Harry Potter*. Sie liest schon den dritten (!) Teil, und hat vor, mindestens einen

Band in englischer Sprache zu lesen. Auch den Film hat sie bereits in beiden Sprachen gesehen. Auf ihre Motivation für die Schule angesprochen, versichert sie immer wieder, dass sie unbedingt lernen will. Sie sagt: »Ich will Mathe machen und Biologie und alle anderen Fächer.« Auf meine Frage, was sie sich momentan am meisten wünscht, antwortet sie: »Ich möchte etwas besser werden in sinnverstehendem Lesen. Das nehme ich mir für das nächste Schuljahr vor.«

Auf ihre berufliche Zukunft angesprochen, äußert sie ihre klaren Vorstellungen, »später mal etwas mit Kindern machen« zu wollen. Dazu hat sie auch schon Praktika absolviert.
Ich bin überrascht, passt doch das Bild der LehrerInnen der Schule mit meinem eigenen Eindruck so gar nicht zusammen.

Die Mutter zeigt mir die Klassenarbeiten aus dem Englisch- und Mathematikunterricht, die ihre Tochter zumeist mit gutem Ergebnis geschrieben hat. Das Rätsel bleibt: Warum erscheinen die Noten nicht auf dem Zeugnis? Eine Jugendliche mit Trisomie 21 zeigt vergleichbare Leistungen mit denen anderer SchülerInnen. Die LehrerInnen der Schule sind davon unbeeindruckt und sicher, dass die von Ihnen getroffene Entscheidung über die Perspektive von Gaby die einzig richtige ist und vor allem »das Beste für Gaby«. Das sehen sowohl die Mutter als auch Gaby anders. Beide wünschen sich inniglich, dass Gaby weiter zur Schule gehen kann.

Gaby ist von der Situation irritiert und fragt: »Warum stufen mich die Lehrer runter? Warum lassen sie mich nicht weiter in der Schule lernen?« Ich habe keine hinreichende Antwort.

Die Mutter lässt sehr bereitwillig das Leben und die schulische Situation Revue passieren: Nach einer intensiven Frühförderung in F. und dem Umzug nach K. besucht Gaby eine integrative Kindertagesstätte und eine integrative Grundschule. Bereits zum Zeitpunkt der Einschulung wird Gaby aufgrund der Diagnose Trisomie 21 der Förderschwerpunkt ›Geistige Entwicklung‹ zugewiesen. In Klasse 4 legt sich Gabys Sonderpädagogin auf den Förderschwerpunkt ›Lernen‹ fest. Trotzdem wird in den letzten beiden Zeugnissen der Grundschule der Förderschwerpunkt ›Geistige Entwicklung‹ ausgewiesen. In der Sekundarstufe I soll Gaby jedoch mit dem Förderschwerpunkt ›Lernen‹ beschult werden. Dort wird sie erneut unter dem Förderschwerpunkt ›Geistige Entwicklung‹ geführt. »Schlimmer noch, man nahm ihr den Lernstoff weg, wodurch Gaby dann komplett ausrastete und gesundheitlich förmlich zusammenbrach«, so die Mutter. Gaby wird dann in der Klasse 5 der Förderschule für »Hören und Kommunikation« probebeschult und auch aufgenommen. Der damalige Klassenlehrer sagt: »Hier stimmt die Papierform nicht mit der Realität überein.« Gabys Mutter dazu: »Womit er sich auf Gabys Leistungen in der Schule bezog. Zum Glück hatte ich eine Testung mit Festlegung des IQ in der Universitätsklinik, Abteilung für Kinderpsychiatrie, erheben lassen. Nach diesem Test befand sich Gaby im Förderschwerpunkt ›Lernen‹, somit konnte er geändert werden.«

Das führt dazu, dass Gaby fortan Tests und Arbeiten mitschreiben kann, die auch benotet wurden. Am Ende der Schulzeit bekommen Zeugnisse und Abschlüsse im Sinne »institutionalisierten kulturellen Kapitals« (Bourdieu) besondere Bedeutung und Wertigkeit, vor allem für den Zugang zum Berufs- und Arbeitsmarkt. Genau zu dem Zeitpunkt jedoch wird vonseiten der Schule die Benotung ausgesetzt.

Mutter und Tochter wünschen eine Verlängerung der Schulzeit. Vor allem die Hörwahrnehmungsstörung, die seit ein paar Monaten fast überwunden ist (so die Mutter), führte in den vergangenen Schuljahren dazu, die Wahrnehmung und das Verstehen deutlich zu beeinträchtigen. Gaby sagt dazu selbst: »Ich habe jetzt nicht nur Wörter im Kopf, sondern ganze Sätze.« Die Lebensqualität hat sich seitdem deutlich

> verbessert, aber auch die Motivation wuchs, weiterhin die Schule besuchen zu wollen.
> Insgesamt scheint die Situation verfahren und unlösbar.
> Zwischenzeitlich wurden Gabys bewertete Tests und Klassenarbeiten von zwei unabhängigen HauptschullehrerInnen geprüft, die weder Diagnose noch Vorgeschichte von Gaby kannten. Sie kamen zu dem Urteil, dass alle geschriebenen Arbeiten vergleichsweise mindestens Hauptschulniveau aufweisen, vielfach sogar deutlich darüber liegen.
> Da sich die bisherige Schule bis heute unzugänglich zeigt, scheint es nur den Ausweg zu geben, eine neue Schule für Gaby zu finden, die bereit und offen ist, sie weiter zu unterrichten.
> Kontakte gibt es diesbezüglich zu einer seit einem Jahr neu gegründeten Schule, die in Gabys Wohnbereich liegt. Ein erstes Gespräch mit dem aufgeschlossenen Schulleiter gibt Hoffnung. Eine längere Zeit des Wartens beginnt. Dann jedoch endlich ein Lichtblick. Vor Ende des Schuljahres bekommen Mutter und Tochter die Information, dass Gaby in die neue Schule gehen kann. Nach anfänglicher Erleichterung machen sich (ob der bisherigen Erfahrung) doch wieder Zweifel breit.
> Es bleibt nun abzuwarten, wie Gabys Weg weiter verläuft. Dennoch, Mutter und Tochter geben die Hoffnung nicht auf.

Das Beispiel zeigt, dass mit gestellten Diagnosen wie z. B. Trisomie 21 – aber auch anderen Syndromen, mit so genannten »Auffälligkeiten« und »Behinderungen« – negativ konnotierte Bilder und Vorstellungen verinnerlicht sind. Diese führen dazu, dass auch offensichtlich gezeigte Fähigkeiten und Leistungen negiert bzw. herabgewürdigt werden. Nur die Überwindung dieser negativ konnotierten Bilder und eine vorurteilsfreie (bzw. vorurteilsbewusste) und offene Haltung führt dazu, dass

Fähigkeiten als Kompetenzen bedingungslos anerkannt werden. Zumeist verstellt allein das Syndrom (z. B. Trisomie 21) den Blick auf die Potenziale und Möglichkeiten der Kinder und Jugendlichen.

Kompetente Eltern

Das folgende Beispiel skizziert die Situation einer Familie, in der ein Kind unter den Bedingungen von Behinderung lebt.

Beispiel Carla

Carla wird in einer Kleinstadt drei Monate zu früh geboren. Aufgrund einer Rötelnembryopathie (Pränatalinfektion nach intrauteriner Rötelninfektion während der ersten drei Schwangerschaftsmonate) wird noch im Krankenhaus eine »geistige Behinderung« prognostiziert. Zwei Monate verbringt Carla im Krankenhaus bevor sie nach Hause entlassen wird. Sie hat zwar zugenommen, jedoch erscheint sie immer noch als viel zu klein, zart und zerbrechlich. Die erste Zeit schläft sie hauptsächlich. Ab dem sechsten Monat schreit sie viel und ist kaum zu beruhigen. Sie trinkt und isst schlecht. Nach einiger Zeit schläft sie am Tag kaum noch, es sei denn, sie ist durch ihr Schreien so erschöpft, dass sie schließlich doch einschläft (aus dem Interview mit der Mutter).

In der Familie übernehmen alle Verantwortung für Carla, vor allem die Großmutter, die jedoch, nachdem sie mehrere eigene Kinder »großgezogen« hat, immer wieder ob der Situation in eine verzweifelte Grundstimmung verfällt. Ab dem ersten Lebensjahr hält sich Carla häufig bei der Großmutter auf. Carlas Schreien flößt Angst ein. Mit Süßigkeiten, so findet die Großmutter heraus, kann Carla beruhigt werden (aus dem Interview mit der Großmutter).

Die Gespräche über Carla werden innerhalb der Familie »leise und zurückhaltend« (aus dem Interview mit Carlas Schwester) geführt. Seit Carlas Geburt ist es (nach Einschätzung der Schwester) nicht mehr so »fröhlich und unbeschwert«. Die Gespräche »drehen sich ständig um Carla« (ebd.). Immer wieder kommt die Frage auf, »warum es uns (die Familie, d.V.) getroffen hat« (aus dem Interview mit der Mutter). Es wächst die Erkenntnis, dass Carla wohl nie eine Schule besuchen kann, denn, so die Vorstellung, »Lesen, Schreiben und Rechnen kann ein geistig behindertes Kind sowieso nicht lernen« (aus dem Interview mit der Mutter). Das steht bereits fest, als Carla noch in die Kindertagesstätte geht. Umso erstaunlicher scheint es allen, dass Carla mit 7 Jahren die Buchstaben ihres Vornamens abmalt. Sie wünscht sich eine Schulmappe und eine Zuckertüte, die sie auch bekommt, als ihre Schwester eingeschult wird. In der Folgezeit lässt sie sich Hefte und Stifte kaufen. Sie malt Buchstaben, zieht Striche und blättert in Büchern. Ein schulisches Angebot zum Schriftspracherwerb bzw. zum Erwerb mathematischer Vorstellungen hat sie nie bekommen. Sie geht in der Nachbarstadt in eine Sonderschule. Mit 10 Jahren malt sie noch Bilder, die mit ihrem Vornamen versehen werden, mit 12 Jahren ist sie nicht mehr dazu zu bewegen. Der Familie ist besonders wichtig, dass sich Carla in der Öffentlichkeit »unauffällig« verhält. So wird die Aufmerksamkeit darauf gelenkt, »ordentlich mit Besteck zu essen, sich selbst an- und auszuziehen, sich zu waschen und kleinere Speisen selbst zuzubereiten« (aus dem Interview mit der Mutter).

Heute ist sie eine erwachsene Frau, die in der »Werkstatt für behinderte Menschen« arbeitet. Sie spricht selten, es sei denn, sie fühlt sich unbeobachtet. Dann führt sie Dialoge mit ihrem »fiktiven Mann«. Die Arbeitsmöglichkeit in der Werkstatt schätzt die Familie sehr. Die Mutter konstatiert dazu: »So kommt sie raus und kann sich nützlich machen.« Die Familie

> hat sich mit und auf Carla »eingerichtet«. Ein eigenständiges Wohnen oder Freizeitgestaltung außerhalb der Familie werden grundsätzlich abgelehnt. Immer wieder kommt die Argumentation auf, »dass sie dazu doch nicht in der Lage ist« und »in der Familie alle am besten wissen, wie sie mit ihr umgehen müssen« (aus dem Interview mit der Schwester).
> Der Familie ist es wichtig, ständig in engem Kontakt mit Carla zu sein. Gespräche innerhalb der Familie werden immer wieder *über* Carla geführt, nur selten *mit* ihr. Die Beziehung der Schwestern ist innig. FreundInnen hat Carla in ihrem unmittelbaren Wohnumfeld nicht. In der Werkstatt besteht näherer Kontakt zu zwei Frauen. Dieser bleibt jedoch auf die Werkstatt beschränkt (aus dem Interview mit Carla). Ihre Wünsche und Hoffnungen beziehen sich auf materielle Dinge in der Gegenwart (z. B. den Lieblingsjoghurt oder eine DVD mit der Lieblingsfernsehserie). Über ihre Zukunft oder die Beziehung zu anderen Menschen spricht sie nicht.

Bereits 1924 beschreibt Wygotski, dass sich die Situation innerhalb einer Familie mit einem Kind, welches unter den Bedingungen von »Behinderung« lebt, verändert.

> Jeder körperliche Mangel – sei es Blindheit, Gehörlosigkeit oder … Schwachsinn – verändert nicht nur die Beziehung eines Menschen zur Umwelt, sondern wirkt sich vor allem auf seine Beziehungen zu anderen Menschen aus … die Familienmitglieder nehmen eine ungewöhnliche, eine besondere Haltung gegenüber ihm (dem Kind, d.V.) ein. (Wygotski 1975, 65 f.)

Einige Antworten darauf, warum sich die Situation der Familien verändert, finden sich in den nachfolgenden Untersuchungsergebnissen.

Betrachten wir die Forschungen zur Situation von Eltern/ Familien, die mit »Behinderung« konfrontiert werden, wurden lange Zeit deren Probleme und Schwierigkeiten hervorgehoben, nicht aber die Ressourcen und Kompetenzen. Es gibt seit über 30 Jahren eine Vielzahl von Untersuchungen, die die spezifischen Belastungen, die Krisen, die Krisenverarbeitung und die Copingstrategien von Eltern bzw. Familien in den Vordergrund rücken. Die Ausrichtung der Untersuchungen auf die spezifischen Belastungen und Schwierigkeiten ließ die Familie mit einem »behinderten Kind« als »behinderte« Familie erscheinen.

Das Vernachlässigen der Ressourcen und Kompetenzen der Eltern entsprach in keiner Weise deren Situation. Zu Recht beklagten dies die Eltern selbst. Die ersten Ansätze, die die Ressourcen von Eltern behinderter Kinder in die Fachdiskussion aufgenommen haben, können im Rahmen der Frühförderung und der Empowermentdebatte ausgewiesen werden (vgl. Ziemen 2002, 132). Die Ressourcen der Eltern zu würdigen, die Sicht, Eltern als »Experten ihrer eigenen Situation« zu betrachten, rückte zunehmend in den Mittelpunkt, dennoch fehlten differenzierte Untersuchungen dazu. Aus diesem Grund führte ich eine qualitative Forschungsstudie durch und befragte die Eltern. Ziel war es, die Kompetenzen der Eltern und ihre soziale Gesamtsituation zu erfassen (vgl. Ziemen 2002, 149 ff.).

Im Folgenden stelle ich die wichtigsten Ergebnisse vor. Die leitfadengestützten Interviews veranlassten die Eltern dazu, über ihr Leben mit dem Kind, die Erfahrungen, die erlebten Widersprüche, die Ängste, Hoffnungen und Perspektiven zu sprechen.

Die überwiegende Mehrheit der Eltern berichtete vor allem im Kontext der Diagnosestellung von negativen Erfahrungen und »sozialen Regelverletzungen«. Als »soziale Regeln« gelten alle das Verhalten zwischen Menschen bestimmenden Grundsätze, die auf gegenseitiger Achtung, dialogischer Bereitschaft,

Anerkennung, Bereitschaft zur Unterstützung usw. beruhen. Werden diese Grundsätze missachtet, entstehen Irritationen, Ängste und Fragen. Eltern berichteten z. B. davon, dass
- Diagnosen zwar mitgeteilt werden, die so nötige und eingeforderte Beratung jedoch ausbleibt;
- Mitteilungen und Diagnosen wenig sensibel überbracht werden;
- Eltern mit mehreren bzw. sehr unterschiedlichen Diagnosen konfrontiert werden (vgl. Ziemen 2002, 170 ff.).

Das bestätigten schließlich auch die danach von mir befragten ExpertInnen. Als solche galten diejenigen Eltern, die bereits selbst über viele Jahre andere Eltern beraten oder die zugleich in einer Institution (z. B. der Frühförderung, der Schule) tätig waren.

Mit der Diagnosemitteilung entstehen Fragen bzw. der Wunsch nach ausführlichen Gesprächen und Beratung. Die Realität ist jedoch meist eine andere. Dem berechtigten Wunsch der Eltern wird oftmals nicht (bzw. nicht hinreichend) entsprochen. So äußerte sich z. B. eine Mutter über die Diagnosemitteilung des Arztes: »Ich hab keine Erklärung gekriegt ... Nur irgendwelche lateinischen Begriffe, die keiner versteht« (aus Ziemen 2002, 171). Eine Expertin bestätigt diese Vorgehensweise:

> Und so geht das vielen Eltern, dass irgendjemand mal irgendwann irgendwas sagt, ohne dass aber ... für die Eltern dann zu konkretisieren oder ohne ihnen zu sagen, was das bedeutet für sie, denn, was nützt mir die Diagnose *Rett-Syndrom* oder *Angelmann* oder ... was es für Diagnosen alles gibt, wenn ich nicht weiß, was dann passiert oder was ich tun kann. (ebd., 172)

»Soziale Regelverletzungen« gehen von medizinischem, psychologischem, therapeutischem, aber auch pädagogischem und Verwaltungspersonal aus. Je schwerer die diagnostizierte Behinderung, umso häufiger werden Eltern irritiert, verletzt und allein gelassen.

»Soziale Regelverletzungen« führen zu Irritationen, Kränkungen und Sinnverlust, die eine Auswirkung auf die gesamte Familie und deren Situation haben und vor allem auch die Beziehung zwischen Eltern und Kind massiv belasten. Die bis dahin erworbenen Wahrnehmungs-, Denk- und Handlungsstrategien (Habitus) und die erforderlichen und bis dahin genutzten Unterstützungssysteme sind für die nun anstehenden Probleme der Eltern nicht mehr ausreichend.

So geraten Eltern in widersprüchliche Situationen. Zumeist ergibt sich ein grundlegender Widerspruch zwischen Wert und Abwertung. Eltern erleben sich einerseits als Eltern, die ihre Rolle uneingeschränkt ein- und wahrnehmen wollen, andererseits jedoch erfahren sie Abwertungen, die sich auf ihr Kind und sie selbst richten. Widersprüche beziehen sich beispielsweise auf:
- das eigene individuelle Erleben des Kindes und die entgegengebrachten (meist negativ konnotierten) Vorstellungen von anderen (z. B. Nachbarn, Familie, Freunden, Fachleuten, ...);
- vorhandenes und zu erwerbendes »kulturelles Kapital« (Bourdieu);
- die gestellte Prognose und die eigene wahrgenommene Entwicklung des Kindes (vgl. Ziemen, 2002, 200 ff.).

Mit der Diagnose werden zumeist Prognosen gestellt, die den Kindern meist nur geringe Entwicklungs-, oftmals auch Lebenschancen zugestehen. Eine Mutter dazu:

> Die Ärzte sagten, dass er nicht so lange lebt, und wir sollen uns drauf einstellen, vor allem, dass er sich wahrscheinlich nicht entwickeln wird, also nicht laufen, nicht sprechen, nicht sehen. (vgl. Ziemen 2002, 177)

Das als »schwerstmehrfachbehindert« diagnostizierte Kind ist zum Zeitpunkt des Interviews fünf Jahre alt. Die Entwicklung vollzog sich langsamer, jedoch sind in allen Bereichen der Persönlichkeit erkennbare Entwicklungsfortschritte zu beobachten. Die Mutter zur fehlprognostizierten Entwicklung:

> Die Voraussagen der Ärzte sind nicht eingetroffen, er macht Fortschritte, zwar nur kleine, aber immerhin, er entwickelt sich. Wie die draufkamen, dass er sich nicht entwickeln sollte, das ist mir schleierhaft. (ebd.)

Dietmut Niedecken beschreibt sehr eindrücklich mögliche Auswirkungen der widersprüchlichen Situation. Widersprüche werden zur

> Schlüsselstelle für die Formation der ›geistigen Behinderung‹ ... Sie zerstört schlagartig die wechselseitige Beziehung zwischen Mutter und Kind. Dieses Trümmerfeld wird nun der Ausgangspunkt für die spezifische, von der Prognose beherrschte Sozialisation des ›Geistigbehinderten‹. (Niedecken 1993, 37)

Eltern fordern zu Recht eine Beratung, die alle Entwicklungsmöglichkeiten aufzeigt und nicht vorschnell Entwicklung begrenzt bzw. leugnet.

Erlebte soziale Regelverletzungen und Widersprüche bestimmen die Situation der Eltern bzw. Familien.

Im Rahmen der hier dargestellten Untersuchung wurden die Kompetenzen der Eltern identifiziert (vgl. Ziemen 2002, 212 ff.). Voraussetzung dafür war es, die Eltern ernst zu nehmen und alle Äußerungen als Kompetenzen anzuerkennen. Die Kompetenzbereiche sind breit gefächert. Ich habe sie zur besseren Orientierung unterschiedlichen Ebenen zugeordnet, so

- der emotionalen Ebene,
- der kognitiven Ebene und
- der sozialen Ebene.

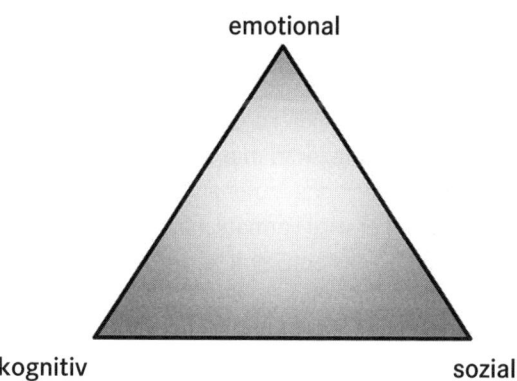

Abbildung 2: Ebenen der Kompetenz

Ich werde die Kompetenzen auf den verschiedenen Ebenen im Folgenden genauer darstellen.

Ebene der emotionalen Kompetenzen

Die Eltern äußern sich zu ihren Wünschen, Hoffnungen, Sehnsüchten, ihren Zweifeln, Ängsten und zu ihrer eigenen veränderten Situation seit der Geburt ihres Kindes bzw. der Diagnosestellung. Sie beschreiben Ereignisse (z. B. die Geburt) oder die erste Begegnung mit der Diagnose bzw. der Prognose.

Die Reflexion von eigenen Wünschen, Hoffnungen und emotional besetzten Ereignissen (z. B. Schwangerschaft, Geburt) wird als Kompetenz anerkannt. Wünsche, Hoffnungen und Ängste beziehen sich meist auf das Kind und dessen Entwicklung. So pegelt die Reflexion der Eltern zwischen Extrempolen, z. B. zwischen Hoffnung und Hoffnungslosigkeit. Eine der größten Hoffnungen der Eltern besteht darin, dass die Entwicklung ihres Kindes fortschreitet bzw. ihre Zukunft gesichert ist.

Die verspürte Hoffnungslosigkeit lähmt und deprimiert, so eine Mutter:

> Das Schlimmste für mich ist eigentlich, dass er nie selbstständig werden kann. Man muss alles eben tun und wahrscheinlich für immer: das Anziehen, Essen, Windeln, er kann nicht laufen und er wird vermutlich auch nie laufen können. Das ist eigentlich das Schlimmste. (vgl. Ziemen 2002, 217)

Des Weiteren stehen Wünsche für die Zukunft im Vordergrund. Folgendes Beispiel soll dies illustrieren:

> Für Luise (Diagnose: Autismus) wünschen wir uns auf alle Fälle, dass sie noch mehr aus ihrer Isolation rauskommt, sich weniger verschließt und dann, dass sie sich wohlfühlt in der Schule und weiterhin gefördert wird. Der ganz große Wunsch für die Zukunft ist, dass sie, wenn sie volljährig ist, von zu Hause ausziehen kann. Sie soll später mal mit Leuten in ihrem Alter zusammenleben. Wir hoffen, dass sie es dort packt, relativ selbstständig zu werden, so weit das eben möglich ist. (vgl. Ziemen 2002, 218)

Neben den Wünschen werden aber auch Zweifel und Ängste wahrgenommen. Die Eltern berichten über ihr Selbstwertgefühl bzw. Selbstbewusstsein, so z. B. eine Mutter: »Ja, das ist erst mal schwer, wenn einen alle auf der Straße anstarren, aber mit der Zeit wird es besser. Aber es ist nie so, dass es gar nicht mehr stört« (vgl. Ziemen 2002, 234). Die empfindliche Störung des Selbstwertgefühls wird insbesondere zu Beginn des Zusammenlebens mit dem Kind wahrgenommen, (d. h., zeitnah zu den zumeist erfahrenen ersten »sozialen Regelverletzungen«). Diese Störung oder Irritation des Selbstwertgefühls kann unterschiedlich lange andauern. In einigen Fällen begleitet es die Eltern sogar das gesamte Leben. Die Auseinandersetzung mit »Behinderung« und der je eigenen Situation der Eltern/Familien bewirkt zumeist eine Veränderung im eigenen Denken, Wahrnehmen und Handeln, u. a. wird »Behinderung« zumeist nach den eigenen Erfahrungen positiver konnotiert (vgl. Ziemen 2002, 214 ff.).

Neben den emotionalen Kompetenzen kommen vor allem bei den Eltern, die sich mit der Diagnose, mit der Entwicklung, dem Lernen und der Unterstützung der Kinder auseinandersetzen, die so genannten »kognitiven Kompetenzen« zum Tragen.

Ebene der kognitiven Kompetenzen

Als kognitive Kompetenzen (vgl. Ziemen 2002, 236 ff.) werden all jene zusammengefasst, die prinzipiell in pädagogischen, didaktischen oder diagnostischen Kontexten einen Stellenwert einnehmen (könnten).

Eltern beschreiben die Situationen mit ihrem Kind oftmals detailliert. Sie setzen sich mit Fragen der Bildung, Erziehung und Therapie auseinander, sie informieren sich und erproben schließlich selbst ihre Ideen zur Unterstützung der Kinder.

Die Befragungen ergaben, dass Eltern sehr genau
- ihre Kinder beobachten, Verhaltensänderungen feststellen und über- bzw. unterfordernde Situationen identifizieren;
- die bisherige Entwicklung rekonstruieren können und
- die Interessen, Bedürfnisse und Motive der Kinder kennen.

Sie
- erproben verschiedene Kommunikations- und Handlungsmöglichkeiten, Spiel- und Lernmaterialien,

- regen zum Spiel und anderen Tätigkeiten an und
- erproben Strategien zur Unterstützung der Entwicklung des Kindes.

Besonders aufmerksam und sensibel sind die Eltern, wenn das Kind beurteilt wird. Sie reflektieren die Beziehungen zwischen Eltern, Kind und Fachleuten. Eine Vielzahl von Eltern informiert sich sehr genau über pädagogische, therapeutische und medizinische Angebote und bewertet Therapien, Methoden und Verfahren, so beispielsweise eine Mutter:

> Ja, das war eine sehr enttäuschende Sache, dass man sagt, man hält das Kind so lange fest und gibt ihm nicht die Chance, ... das nächsthöhere Ziel anzustreben ... Also ich würde sagen, dass dies nicht so förderlich ist für ein Kind, ihm eher noch mehr Schaden zufügt. (vgl. Ziemen 2002, 255)

Die Unterstützung der Entwicklung steht zumeist im Fokus der Eltern. Dabei erweisen sie sich als kreativ und einfallsreich, so z. B. die Mutter eines »mehrfachbehinderten« Kindes:

> Wir sind zu dem Entschluss gekommen, dass sich der ganze Tagesablauf nach dem Alex richten muss. Auch die Tiere, also die Haustiere hier, haben wir vor allem wegen Alex angeschafft. Also den Hund hatten wir schon, aber die Katze, die Papageien, auch die Fische und das Meerschweinchen haben wir angeschafft. Er soll möglichst viele Berührungsreize, also auch unterschiedliche haben, ja, das ist uns wichtig. (vgl. Ziemen 2002, 248)

Hervorzuheben ist, dass Eltern zumeist bei spezifischen Syndromen und Diagnosen »kulturelles Kapital« (vgl. Bourdieu) erwerben, um, so eine Mutter, »einfach ... mitreden zu können« (vgl. Ziemen 2002, 238).

Werden die Eltern mit ihren Fragen um Diagnosen und Prognosen allein gelassen und bekommen von Fachleuten nicht die erforderlichen Informationen, machen sie sich selbst auf die Suche, recherchieren, beschaffen sich Fachliteratur und erwerben z. T. mehr spezielles »Kapital« als die Fachleute selbst. Das formuliert beispielsweise die Mutter eines Kindes mit Rett-Syndrom so:

> Ich bin bei vielen Kongressen gewesen, wo ich Hunderten von Ärzten eine Mappe in die Hand gedrückt habe mit Informationen zum Rett-Syndrom. (vgl. Ziemen 2002, 221)

Ebene der sozialen Kompetenzen

Eltern reflektieren über die Beziehungen und Bindungen innerhalb bzw. außerhalb der Familie. Sie nehmen Angebote der Unterstützung wahr und unterbreiten selbst Angebote für andere Eltern oder Familien. Stabile Beziehungen innerhalb der Familie, zu Freunden, Verwandten und Nachbarn werden wertgeschätzt.

Die Unterstützung durch Selbsthilfegruppen, Verbände bzw. Organisationen ist besonders hervorzuheben. Innerhalb der sozialen Gemeinschaft gleich oder ähnlich Betroffener ist das »Machtgefälle« gering. Die Arbeitsweise ist von solidarischem Mit- und Füreinander geprägt, welches äußerst stabilisierend wirkt und – wie es eine Mutter formuliert – »bestärkt und aufmuntert« (vgl. Ziemen 2002, 268).

Das Netz von Beziehungen innerhalb und außerhalb der Familie kann unterstützen. Häufig verändern sich jedoch die »Netze«: Freunde, Familienmitglieder, Nachbarn, der eigene Partner wenden sich oftmals ab. Die »Netze« verkleinern sich bzw. spielen die Fachleute und einzelne sehr stabile KontaktpartnerInnen in diesen eine viel größere Rolle (vgl. Ziemen 2002, 257 ff.). »Quantitativ ausreichende und qualitativ hochwertige soziale und professionelle Netzwerke« (Seifert 2003, 46, mit Verweis auf Wolf-Stiegemeyer) werden von Eltern nicht nur gewünscht, sondern zunehmend gefordert. Familien wollen in der von ihnen erbrachten Leistung anerkannt und notwendige Hilfen sollen gewährt werden (vgl. Seifert 2003, 55). Des Weiteren besteht die Hoffnung, dass aufgrund der äußerst schwierigen Lage, »die Akzeptanz für Menschen mit schwerer Behinderung« (ebd.) wächst und dass ein »gleichberechtigtes Leben« (ebd.) möglich wird.

Insgesamt zeigt sich, dass die Kompetenzen der Eltern/Familien sehr verschieden ausgeprägt sind. Es können Kompetenzen sowohl auf einer Ebene als auch mehreren Ebenen identifiziert werden.

Die Kompetenzen der Eltern spielen noch nicht immer eine ausreichende Rolle in der pädagogischen, didaktischen oder diagnostischen Arbeit der PädagogInnen. Vielfach werden die Kompetenzen ignoriert, gering geschätzt oder gar nicht erkannt. Auch das führt wiederum zu Verletzungen und Irritationen bei den Eltern.

Entwicklungen mit Blick auf Inklusion werden durch die Kooperation mit den Eltern befördert. Die Wahrnehmung der Kompetenzen der Eltern bereichert und unterstützt die pädagogische Arbeit.

Kooperationen mit Eltern/Familien

Fachleute und Eltern stehen vor der Herausforderung, kooperative Beziehungen einzugehen. Voraussetzung dafür ist es vonseiten der PädagogInnen, die spezifische Situation der Eltern, deren Kompetenzen, Befindlichkeiten und Bedürfnisse wahrzunehmen. Zugleich sind die erfahrenen »sozialen Regelverletzungen« und die erlebten Widersprüche zu erkennen, zu reflektieren, ggf. auch zu bearbeiten.

Eltern fordern von Fachleuten zu Recht Unterstützung und Begleitung. Eine Mutter dazu: »Manchmal sind es auch einfach nur Anregungen … wie irgendetwas im täglichen Leben umgesetzt werden kann.« Das können »ganz praktische Dinge, die die Eltern zu Haus vielleicht auch ändern könnten« sein (Ziemen 2002, 253).

Die Kooperation mit den Eltern verlangt sowohl »fachliche Kompetenz« als auch »persönliches Engagement« (vgl. Jeltsch-Schudel 2003, 114). Erforderlich ist es aus der Perspektive der Fachleute, die Beziehung zwischen Eltern und ihnen selbst zu reflektieren.

In der aktuell geführten Diskussion um Inklusion ist die Rolle der Eltern, Familien und Bezugspersonen genauer zu betrachten.

Eine von Anke Langner und mir initiierte Studie (vgl. Langner 2012, 7) zur Situation der Eltern mit Blick auf Inklusion brachte zusammengefasst folgende Ergebnisse:

- 80 Prozent aller befragten Eltern bewerten Inklusion als »›sehr‹ bzw. ›sehr, sehr wichtig‹ für sich selbst, aber auch für das Kind« (vgl. ebd., 36). Sie erhoffen sich nicht zuletzt »bessere Entwicklungsbedingungen und -chancen für ihr Kind« (vgl. ebd., 37).
- Im Rückblick schätzen Eltern ihre Erfahrungen mit Integration sowohl positiv als auch negativ ein.
- Als bedeutsam kennzeichnen die Eltern »PädagogInnen, die sich für einen inklusiven/integrativen Weg engagieren« (ebd., 39).
- Negative Erfahrungen beziehen sich auf die Barrieren durch Behörden und Bewilligungsstellen, auf die Abwehrhaltungen und fehlenden Kompetenzen von Pädagogen und Pädagoginnen (vgl. ebd., 40 ff.).

Immer noch (daran hat auch die Ratifizierung der UN-BRK nichts geändert) sind Eltern bzw. Familien maßgeblich diejenigen, die die gemeinsame Unterrichtung für ihr Kind erstreiten.

Zugleich sehen sich Eltern mit neuen Herausforderungen und Ängsten konfrontiert. »Integration/Inklusion steht ... selten für einen sicheren, vorhersagbaren Weg« (ebd., 47). Die Wünsche der Eltern beziehen sich beispielsweise auf
- eine kompetente Beratung,
- Behörden, die die Eltern unterstützen,
- Schulen und LehrerInnen, die der Integration/Inklusion zustimmen,
- die Veränderung des gesellschaftlichen Bildes von »Behinderung« (vgl. ebd., 48).

Beratung, die auf Inklusion ausgerichtet ist, muss unabhängig sein. Grundvoraussetzung dafür ist es:
- die soziale Situation der Eltern aufzunehmen,
- die Fragen und Befindlichkeiten der Eltern ernstzunehmen und
- die Kompetenzen wahrzunehmen und anzuerkennen.

Eltern schätzen eine offene und wertschätzende Begegnung und wünschen sich, alle erforderlichen Informationen zu erhalten, um ihre Entscheidungen (z. B. zur Schulwahl) auf dieser Basis treffen zu können.

Da ich mich in diesem Buch hauptsächlich auf Schule und Unterricht beziehe, gehe ich besonders auf die Ergebnisse der Studie ein, die die Schule bzw. die PädagogInnen in den Blick nimmt.

Anke Langner (2012, 39) unterscheidet bei der Auswertung der Daten zwischen positiven und negativen Erfahrungen der Eltern. Zu den positiven gehören für die Eltern die »PädagogInnen, die sich für einen integrativen/inklusiven Weg engagieren« (39). Diese unterstützen und ermutigen die Eltern.

Die von den Eltern hervorgehobenen negativen Erfahrungen beziehen sich auf diejenigen PädagogInnen, denen oftmals die Kompetenzen für die Umsetzung der integrativen/inklusiven Idee fehlen (vgl. ebd. 42).

Sehr kritisch bewerten die Eltern eine grundsätzlich ablehnende Haltung der PädagogInnen. Langner resümiert:

> Weder der fehlende Zugang der PädagogInnen zur Integration/Inklusion noch die nicht vorhandene fachliche Ausbildung ärgert die Eltern so, wie die ihnen von PädagogInnen entgegen gebrachte Verweigerung der Bereitschaft, sich auf die Situation der Integration/Inklusion einzulassen. (ebd. 42)

Spezifisch für die Schule fordern die Eltern neben qualifizierten LehrerInnen, die kompetent einen Unterricht von stark heterogenen Klassen gestalten können, dass auch die notwendigen Ressourcen wie Zeit, Betreuungsschlüssel, Räumlichkeiten etc. für die Verwirklichung der Integration/Inklusion zur Verfügung gestellt werden (ebd. 50).

Einige Eltern gehen noch einen Schritt weiter und fordern die Veränderung des gesamten Schulsystems bzw. die Abschaffung der Sonderschulen (vgl. ebd. 51).

Die Studie zeigt deutlich die Perspektive der Eltern, deren Wünsche und Hoffnungen. Deutlich wird hier ebenso wie bei den vorher dargestellten Untersuchungsergebnissen zu den Kompetenzen von Eltern, dass die soziale Situation der Eltern verändert ist. Die Erfahrungen des »Behindert-Werdens« (ebd. 52) bestimmen die Situation.

Nach wie vor sind es die Eltern, die sich für die gemeinsame Unterrichtung engagieren und gegen Widerstände ankämpfen müssen. Oftmals geben sie dafür ihre eigene berufliche Zukunft auf oder orientieren sich beruflich so um, dass sie in der Nähe ihres Kindes tätig werden können.

> **Beispiel Alexanders Mutter**
>
> Kürzlich kam die Mutter eines Kindes, welches unter »schwersten Behinderungen« lebt, auf mich zu, weil sie eine Schulbegleitung für ihr Kind sucht. Dabei berichtete sie darüber, wie sie sich als Grundschullehrerin an eine Schule, die sich inklusiv ausrichten will, versetzen ließ. Interessanterweise wurde sie sogleich als Sonderpädagogin eingesetzt, die die anderen GrundschullehrerInnen anleiten soll. Auf der Basis der Erfahrungen mit ihrem eigenen Kind, welches die gleiche Schule besucht, entwickelt sie Konzepte und Materialien, berät die Lehrpersonen und Teams der Schule, führt die Diskussionen, die maßgeblich von Skepsis und Abwehr gegenüber Integration/Inklusion geprägt sind.
>
> In der Vergangenheit hat die Mutter mehrfach darüber nachgedacht, ihre berufliche Tätigkeit aufzugeben, um sich ganz Alexander (ihrem Sohn) zu widmen. Mittlerweile schätzt sie ihre Entscheidung, den Schulweg ihres Kindes als Mutter und Lehrerin zu begleiten, aber als optimal ein. Im kommenden Studienjahr wird sie ein Studium der Sonderpädagogik an der Universität Köln beginnen, um auch den erforderlichen Abschluss für ihre derzeitige Tätigkeit zu erwerben.
>
> Die Situation an der Schule schätzt sie derzeit so ein: »RegelpädagogInnen fehlt es an Ideen für die Arbeit mit Kindern mit Behinderung«. Darüber hinaus »fehlt es an Verständnis für die Situation der Kinder und deren Familien.« So sieht sie sich selbst in der Rolle, den Lehrpersonen Anregungen und Unterstützung zu bieten.

Zusammengefasst heißt das auch, dass Eltern den konkreten Prozess mit Blick auf Inklusion unterstützen und mit ihren Erfahrungen begleiten können.

II Inklusion – Exklusion

Inklusion (lat. *inclusio*, Einschließung) meint die Überwindung der sozialen Ungleichheit, der Aussonderung und Marginalisierung, indem alle Menschen in ihrer Vielfalt und Differenz, mit ihren Voraussetzungen und Möglichkeiten, Dispositionen und Habitualisierungen wahrgenommen, wert geschätzt und anerkannt werden.

Der Begriff der Inklusion ist seit den 1970er-Jahren im englischen Sprachraum gebräuchlich und entwickelte sich zu einem Standardbegriff internationaler Organisationen wie der UNO und UNESCO (vgl. Hinz 2009, 171). In Deutschland wurde er vor allem im Rahmen der *UN-Konvention über die Rechte behinderter Menschen* und deren Ratifizierung seit dem Jahr 2009 bekannt und immer populärer. Mit ihm ist die Hoffnung verbunden, Entwicklungen gegen Ausgrenzung, Diskriminierung und Marginalisierung anzustoßen. Im schulischen Kontext soll allen Kindern und Jugendlichen unabhängig von ihrer sozialen Herkunft, Sprache, ihren weltanschaulichen und religiösen Positionen, ihren Fähigkeiten bzw. »Behinderungen« gemeinsame schulische Erfahrungen ermöglicht werden.

Inklusion richtet sich auf alle gesellschaftlichen Bereiche und zielt auf eine auf »Anerkennung und Differenz basierende menschliche Gemeinschaft ohne Ausgrenzung« (vgl. Feuser 2010, 18). Voraussetzung dafür wäre es, eine Analyse gesellschaftlicher Verhältnisse vorzunehmen. So könnten Exklusionsrisiken erkannt und es könnte ihnen begegnet werden.

> Inklusion und Exklusion (sind, d.v.) relative Begriffe, die jeweils ohne ihren Gegenbegriff gar nicht sinnvoll denkbar sind, (so, d.v.) wird die Notwendigkeit deutlich, Inklusion und Exklusion als unlösbaren Zusammenhang zu reflektieren. (Dederich 2006, 11)

Dabei geht es stets um Inklusionschancen bzw. -praktiken und Exklusionsrisiken bzw. -praktiken.

> Betrachtet man die pädagogische Inklusionsdiskussion, so zeigt sich, dass diese vor allem auf normativ-konzeptueller Ebene geführt wird ... Inklusion ... als Alternative zur ... Integrationspraxis mit ihren Unvollkommenheiten und Widersprüchen verstanden ..., der Inklusionsgedanke ... deshalb als notwendige Weiterentwicklung gesehen, weil die schulische Integration von Kindern und Jugendlichen mit Behinderungen die strukturell im deutschen Bildungssystem angelegte Separation bis heute nicht überwinden konnte. (Dederich 2006, 12)

Wurde in der Fachdiskussion vielfach versucht den Begriff der »Integration« von »Inklusion« abzugrenzen, sind bis heute nur wenig Versuche unternommen worden, das Kontinuum zwischen Integration und Inklusion zu bestimmen. Georg Feuser konstatiert, dass

> ausgehend von den bestehenden selektierenden, ausgrenzenden und segregierenden Systemen, Integration als Prozess deren Überwindung und Inklusion als das zu erreichende Ziel, das in einer Welt ständig wechselnder Teilsysteminklusionen aber nie ein einmal erreichter und dann bestehen bleibender Zustand sein kann. (Feuser 2012a, 5)

Mit Inklusion verbindet sich die Idee, die Differenzierung z. B. in Kinder mit und ohne »Förderbedarf« zu überwin-

II Inklusion – Exklusion

den. Sowohl in der Fachdebatte als auch in der Praxis wird an der Kategorisierung festgehalten, wobei bei Kindern und Jugendlichen mit bescheinigtem »Förderbedarf« die aufgefächerte Differenzierung (Förderschwerpunkt[1] »Lernen«, »Sozial-emotionale Entwicklung«, »Sprache«, »Hören«, »Sehen«, »Körperlich-motorische Entwicklung«, »Geistige Entwicklung«) beibehalten wird.

Die deutschen Entwicklungen mit Blick auf Inklusion sehen darüber hinaus neue Differenzierungen vor, wie am Beispiel des 9. Schulrechtsänderungsgesetzes in NRW deutlich wird. Kinder und Jugendliche mit den Förderschwerpunkten »Geistige Entwicklung«, »Hören«, »Sehen«, »Körperlich-motorische Entwicklung« sollen an speziellen Schulen (so genannten Schwerpunktschulen) unterrichtet werden, welche die entsprechenden personellen und sächlichen Ressourcen vorhalten sollen. Die Feststellungsdiagnostik bleibt für die so klassifizierten Kinder und Jugendlichen aufrechterhalten. Der anderen Gruppe sind SchülerInnen mit den Förderschwerpunkten »Lernen«, »Sprache« und »Sozial-emotionale Entwicklung« zugeordnet. Diese sollen an allgemeinbildenden Schulen verbleiben. Die entsprechenden Förderschulen werden aufgelöst, zudem wird auch die Feststellungsdiagnostik für diese SchülerInnen ausgesetzt (vgl. 9. Schulrechtsänderungsgesetz, NRW, dieses wurde am 19. März 2013 in den Landtag eingebracht).

Diese neue Differenzierung führt zu neuen Problemen: Vor allem die Integration von Kindern und Jugendlichen, die unter

---

1 Mit den Empfehlungen der Kultusministerkonferenz (1994) hat sich der Begriff »sonderpädagogischer Förderbedarf« durchgesetzt. Dieser ist jedoch nicht unstrittig, da er »wenig mehr sagt, als dass sonderpädagogischer Förderbedarf vorliegt, wenn sonderpädagogische Förderung erfolgen muss« (Heimlich 2012, 19). Der Terminus »Behinderung« sollte durch die Kennzeichnung verschiedener Förderschwerpunkte ersetzt werden, beispielsweise wurde aus »geistiger Behinderung« nun der Terminus »Kinder und Jugendliche mit dem Förderschwerpunkt geistige Entwicklung«.

den Bedingungen von »geistiger oder schwer(st)- und mehrfacher Behinderung« leben, ist als schwierig zu kennzeichnen. Mit dieser Differenzierung kommt es zur Vorstellung der leichter und schwerer »Integrierbaren«. Das steht der inklusiven Idee diametral entgegen.

Ähnliches berichtet Georg Feuser über die aktuellen Entwicklungen in Bremen (vgl. 2012a). Er konstatiert, dass

> Die Integration von Kindern mit leichteren bis mittleren Lernbeeinträchtigungen, mit sprachlichen Beeinträchtigungen ..., die einem herkömmlichen Unterricht mehr oder weniger gut bzw. mit etwas Unterstützung ... zu folgen wissen, (kann, d.V.) nicht die Inklusion definieren. Das ist Schaumschlagen auf der Oberfläche des Systems. (ebd., 4)

Jene, die an speziellen Schulen verbleiben sollen, sind vor allem die schwerst- und mehrfach physisch bzw. psychisch beeinträchtigten Menschen (vgl. ebd., 5).

Inklusion zielt prinzipiell auf Non-Kategorisierung. Zugleich zeigt sich an den jüngsten Entwicklungen wie weit wir derzeit davon noch entfernt sind. Weitreichendere Reformen wären notwendig, die das deutsche Schulsystem in Gänze auf den Prüfstand stellen. So sind die momentanen Entwicklungen meist nur »kosmetischer Natur«.

Übrigens liegt bereits seit den späten 1980er-Jahren die Kritik am bestehenden segregierenden und differenzierten deutschen Schul- und Unterrichtssystem (vgl. Feuser 1995) vor. Sie ist immer noch höchst aktuell und könnte die Basis für eine grundlegende Reform des Bildungs-, Unterrichts- und Schulsystems mit Blick auf Inklusion darstellen.

Exklusion (lat. *exklusio,* Ausschließung) löst den Begriff des »sozialen Ausschlusses« ab bzw. wird mit diesem synonym verwendet.

II Inklusion – Exklusion

> Der Exklusionsbegriff ist ein sozial-topologischer, d. h., ein räumlicher Begriff. Er scheint nicht nur klar zwischen einem ›Hier‹ und ›Dort‹ zu unterscheiden, sondern auch zwischen einem ›Innen‹ und ›Außen‹: Exkludiert sind die, die ›draußen‹ sind. Im Sinne eines an die Innen-Außen-Logik gebundenen Exklusionsbegriffs lassen sich dann zwei Typen unterscheiden. (Dederich 2006, 15)

Mit Heinz Bude kann konstatiert werden:

> Man kann aufgrund prinzipieller Kriterien des Ausschlusses, die mit dem Legalitätsstatus, der Sozialkompetenz, dem Bildungsabschluss oder der Kulturaffinität zusammenhängen, gar nicht erst ins Spiel kommen, man kann andererseits aber auch durch bestimmte Umstände der Stigmatisierung, Degradierung und Ignorierung aus dem Spiel fallen. (Bude 2004, 10 f.)

Für Menschen, die unter den Bedingungen von Behinderung leben, ist beides die Praxis. Aufgrund diagnostizierter mangelnder oder fehlender Voraussetzungen wird der Zugang zur allgemeinen Schule verwehrt. Darüber hinaus fallen diejenigen »aus dem Spiel«, die aufgrund ihrer Fähigkeiten und Voraussetzungen den vermeintlichen Normvorstellungen nicht entsprechen. Dederich resümiert:

> Soziale Ungleichheit, Marginalisierung und Ausgrenzung (werden, d.V.) durch Einschränkungen oder Verlust von Interdependenz und Partizipation (hergestellt, d.V.). (Dederich 2006, 21)

Inklusion zielt auf die Gleichwertigkeit des Individuums, auf die Vielfalt in der Differenz, auf Partizipation, Anerkennung und Gerechtigkeit. Das ist verwoben mit einem Prozess der Transformation von habituell z. T. fest verankerten Vorstellungen, Haltungen, Überzeugungen, von Wahrnehmungs-, Denk- und Handlungsmustern.

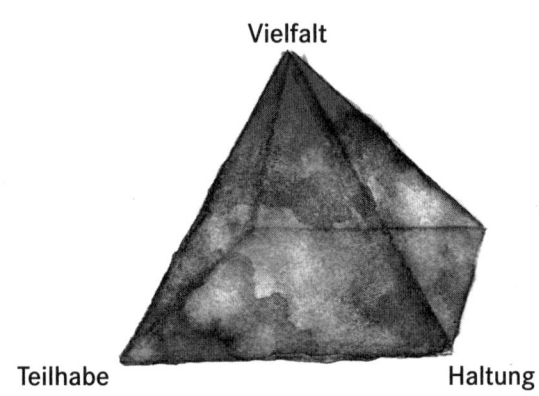

Abbildung 3: Inklusion

Eine offene vorurteilsfreie (bzw. vorurteilsbewusste) Haltung stellt die Voraussetzung dafür dar, *alle* Mitglieder einer Gemeinschaft anzuerkennen und wertzuschätzen. Eine kritische Analyse von Exklusionsrisiken und -praktiken und die Erhöhung der Teilhabechancen und -möglichkeiten sind Kernelemente von Inklusion.

Inklusion ist gekennzeichnet durch das Verhältnis von Teilhabe, Vielfalt und Haltung. Diese trianguläre Betrachtung bietet wiederum Analysemöglichkeiten. Folgende Fragestellungen können dabei leitend sein:
- Welche Haltung/Einstellung nehmen die Mitglieder einer Gemeinschaft zueinander ein?
- Wie heterogen ist die Gemeinschaft? Welche spezifischen Bedürfnisse und Interessen haben die verschiedenen Mitglieder?
- Welche Teilhabemöglichkeiten bestehen für alle Mitglieder und für jeden Einzelnen?

– Welche Exklusionsrisiken bestehen und wie können diese beseitigt werden?

Diese Analyse kann auf jedes »Feld« (Bourdieu) angepasst angewandt werden.

Inklusion als gesamtgesellschaftliches Vorhaben und »Fernziel« (Stein/Lanwer 2006, 88) muss *alle* gesellschaftlichen Mitglieder tangieren und ist demnach eine kollektive Leistung.

Erfahrungen und Umsetzung – das Beispiel Reutte

Blicken wir ins Nachbarland Österreich und hier insbesondere in die Region Reutte, die bereits seit nunmehr 25 Jahren die Sonderschulen abgeschafft hat. Diese Region verfügt über umfangreiche Erfahrungen mit Blick auf Inklusion.

Die Erfahrungen zeigen, dass LehrerInnen bei der Umsetzung der inklusiven Idee Unterstützung benötigen. In Reutte hat sich aus diesem Grund eine »Sonderpädagogische Beratungsstelle« etabliert, die zugleich Kompetenz- und Ressourcenzentrum ist und sich nicht als »Zentrum für besondere Kinder« versteht, sondern als Zentrum für besondere Kompetenzen und Professionen (vgl. Astl 2010). Die Beratungsstelle leistet ambulante (inklusionsunterstützende) Dienste. In einem Vortrag vor dem Österreichischen Parlament in Wien (29. Juni 2010) fasst der Leiter dieser Beratungsstelle, Roland Astl, die Erfahrungen wie folgt zusammen.

1. Menschenrecht
Von Beginn an gab es bei den handelnden Personen vor Ort das gemeinsam geteilte Bewusstsein, dass das Eintreten für ein inklusives Bildungssystem eine Frage der Grundrechte ist, verbunden mit (gesellschafts-)politischem Handeln und den damit verbundenen Auseinandersetzungen … Integra-

tion gelingt dort besser, wo die handelnden Personen der Überzeugung sind, dass Integration ein grundsätzliches Menschenrecht darstellt. Wenn dieser Paradigmenwechsel in den Köpfen stattgefunden hat, sind bereits die meisten Schwierigkeiten überwunden (Astl 2010, 2).

2. Integrationsfahrplan

Für einen solchen Fahrplan ist unserer Erfahrung nach die Zeitspanne eines ›Schülerlebens‹ zu veranschlagen. Im Laufe von zwölf Jahren wurde im Bezirk Reutte die Bildung von Kindern mit Behinderungen Schritt für Schritt aber konsequent von einem System der vormals ausschließlichen Beschulung in der Sonderschule in ein System der vollständigen wohnortnahen Integration überführt. Damit verbunden war eine breit geführte gesellschaftspolitische Diskussion auf regionaler Ebene, verbunden mit zahlreichen Konflikten (Astl 2010, 2).

Dabei war der Grundsatz »Integration ist unteilbar« wichtig, um für alle Kinder und Jugendlichen unabhängig von Art und Schwere der Beeinträchtigung bzw. Behinderung den Zugang zu ermöglichen. Das provozierte anfangs heftigen Widerstand, markierte andererseits aber den Entwicklungspfad (vgl. ebd.).

Ab dem Schuljahr 1985/86 kamen, mit einer Ausnahme, keine Kinder mehr an die Sonderschule. Eine große Anzahl von Kindern konnte zudem im Laufe der folgenden Jahre von der Sonderschule an die entsprechenden Volks- und Hauptschulen zurückgeführt werden. Mit Ende des Schuljahres 1996/97 verließen die letzten fünf Kinder die damals noch einzige Sonderschule des Bezirkes. Die Sonderschule wurde stillgelegt. Anstelle des ›Sonderpädagogischen Zentrums‹ trat ab dem Schuljahr 1997/98 die ›Sonderpädagogische Beratungsstelle beim Bezirksschulrat Reutte‹ (Astl 2010, 3).

Diese wurde nach dem Vorbild von »Kompetenz- und Ressourcenzentren« aufgebaut. Sie leistet »inklusionsunterstützende Dienste« (Astl 2010, 3) für SchülerInnen mit unterschiedlichen Ausgangslagen in allgemeinen Schulen.

Entscheidend war, dass die Entwicklungen von den Eltern initiiert und mitgetragen wurden. Roland Astl resümiert:

3. Eltern
Bei Kindern mit schweren Behinderungen gibt es seitens der Eltern mehrere berechtigte Erwartungen an die Schule:
- Sie möchten, dass ihre Kinder optimal unterstützt werden.
- Sie möchten, dass ihre Kinder sozial integriert sind.
- Sie möchten eine verlässliche Schule auch im Sinne der Familienentlastung.
- Sie möchten seitens der Schule auch Information und Unterstützung für Bereiche wie Freizeit, Therapie, Übertritt in die Berufswelt, Wohnen usw.

Und wenn optimale Unterstützung auch in inklusiven wohnortnahen Settings gewährleistet ist, geben Eltern dem den Vorzug. (Astl 2010, 4).

Rückblickend räumt Astl jedoch auch ein, dass der Weg nicht einfach war. Er konstatiert:

Diskriminierungen und Benachteiligungen werden allein durch die Schließung der Sonderschulen und die bloße Anwesenheit behinderter und nichtbehinderter Kinder im gleichen Klassenraum nicht beseitigt (ebd.).

Des Weiteren schätzt er die Entwicklungen mit Blick auf Inklusion als »tiefgreifende Veränderungen« ein, die insbesondere die LehrerInnenausbildung maßgeblich tangieren müssen.

Das entscheidende Ziel ist eine

> inklusionstaugliche Pädagogik ... (ohne, d.v.) Selektions- und Ausgrenzungspraxis, ...(die, d.v.) allen Kindern und SchülerInnen in heterogenen Gruppen und Klassen angemessene Erziehungs-, Bildungs- und Unterrichtsangebote (ebd., 5)

unterbreitet. Er fordert zudem eine

> inklusionsorientierte LehrerInnenausbildung auch unter Einbeziehung Betroffener ... Das bloße Zusatzstudium einzelner sonderpädagogischer Teilbereiche wird dem Anspruch auf volle Teilhabe behinderter Menschen in allen Lebensbereichen nicht gerecht. (Astl 2010, 6)

Auch wenn die Region Reutte im Tiroler Außerfern eine überschaubare Region mit ca. 30.000 Menschen ist, können diese Erfahrungen Anregungen für Entwicklungen in anderen Regionen geben.

Die Umsetzung in Reutte, vor allem die Erhöhung der Qualität der pädagogischen Arbeit, wurde spätestens seit dem Jahr 2003 durch Support für Reutte in Form von Beratung und Fortbildung gesichert. Der Elternverein TAFIE, ab 2005 VIANOVA nahm die Fragestellungen und Probleme der LehrerInnen und Teams ernst und forderte Beratung und Unterstützung ein. Folgende Fragen bewegten die MitarbeiterInnen und den Leiter der Beratungsstelle ebenso wie die LehrerInnen:
- Auf welche Basis können wir unsere Arbeit stellen?
- Wie können wir uns erklären, was wir beobachten?
- Wie gelingt es uns besser, individualisiert zu arbeiten?
- Wie können wir Eltern beraten bzw. mit Eltern etwas gemeinsam entwickeln?

- Wie kann es uns gelingen, Menschen, die unter »schwersten Behinderungen« leben, besser zu verstehen bzw. ihnen ein adäquates Angebot zu unterbreiten?
- Wie können wir angemessene Kommunikation mit jeder Schülerin und jedem Schüler aufbauen?
- Was müssen wir bezüglich Organisation, Planung und Evaluation von Unterricht berücksichtigen?

Diese Fragen wurden durch einen Theorieimport tiefgründig und umfassend geklärt. Es waren vor allem der Elternverein VIANOVA und der Leiter der Beratungsstelle, die sich diesbezüglich nach UnterstützerInnen umsahen und diese schließlich für Fort- und Weiterbildungen gewinnen konnten. Angetan waren sie vom Erklärungspotenzial der so genannten »Kulturhistorische Schule/Tätigkeitstheorie« (Vygotskij; Leontjev; Luria).

So setzten sie sich damit und mit der »rehistorisierenden Diagnostik« (vgl. Jantzen/Lanwer-Koppelin 1996, Ziemen 2003), der »entwicklungslogischen Didaktik« (Feuser 1995) bzw. der »reflexiven Didaktik« (Ziemen 2008) und mit der »Unterstützten Kommunikation« auseinander.

Sie beschäftigten sich mit humanem Lernen, mit menschlicher Entwicklung, mit isolierenden Bedingungen und den Möglichkeiten der Partizipation, mit ihrer Rolle als Lehrperson bzw. mit der eigenen Position im »Feld«. So konnten sie wertvolle Erkenntnisse gewinnen, die die eigene Situation bzw. das eigene Handeln und Verhalten maßgeblich beeinflussten. »Theoretische Orientierung bietet Halt«, war die einhellige Meinung der Lehrpersonen und Teams, die an den Fortbildungen teilnahmen.

Grundlegend setzten sich die Lehrpersonen und Teams in den Fortbildungen auch mit den eigenen Haltungen und Überzeugungen zu Integration/Inklusion bzw. »Behinderung« auseinander.

Ein Menschenbild, das als offen und tolerant, jegliche Differenz anerkennend und »Fremdheit« als Ressource schätzend gekennzeichnet ist, kann als grundlegend für die Entwicklung mit Blick auf Inklusion angesehen werden.

Insbesondere bei der Differenzlinie »Behinderung« sind jedoch habituell verankerte Bilder und Vorstellungen zumeist negativ konnotiert.

Im Folgenden sollen Ergebnisse einer Untersuchung vorgestellt werden.

»Bilder«, Vorstellungen, Konstruktionen von »Behinderung«

In der Fachdebatte gibt es bereits seit Längerem eine Diskussion zu Einstellungen, Vorurteilen und Diskriminierungen gegenüber Menschen, die unter den Bedingungen von Behinderung leben (Cloerkes 2001, Fries 2005).

Untersuchungen gibt es u. a. zu der Frage,
- wie Menschen mit (körperlicher) Behinderung die Einstellungen und Verhaltensweisen nicht behinderter Menschen erleben, wahrnehmen und bewerten;
- »welche Verarbeitungsstrategien sie einsetzen, um Probleme dieser Art möglichst erfolgreich zu bewältigen« (Fries 2005, 14) bzw.
- welchen Beitrag betroffene Menschen zur Realisierung des »Normalisierungsprinzips« leisten können (Fries 2005, 15).

Dabei werden die Erkenntnisse im Kontext von »Diskriminierung« und »Bewältigung« diskutiert und die Auswirkungen von Vorurteilen und Stigmatisierungen auf die individuelle bzw. persönliche Ebene des Menschen bezogen reflektiert.

Jedoch: Vorurteile und Einstellungen werden durch »Bilder«, Vorstellungen und Konstruktionen, die habituell repräsentiert sind, bestimmt. Da diese Frage in der Fachdebatte bislang ausgeblendet blieb, startete im Oktober 2003 ein gemeinsam mit Studierenden der Leopold-Franzens-Universität Innsbruck geplantes und durchgeführtes Projekt. Zum damaligen Zeitpunkt hatte ich die Vertretungsprofessur am Institut für Erziehungswissenschaft (Lehrstuhl: Integrative Pädagogik und psycho-soziale Arbeit) inne. Ziel war es, die habituell verankerten »Bilder«, Vorstellungen und Konstruktionen von Behinderung zu erfassen. Der Projektidee und Fragestellung lag folgende These zugrunde:

»Behinderung« kann als sozial konstruierte Tatsache im Sinne eines Produkts der kollektiven, unaufhörlich in den Individualgeschichten reproduzierten Geschichte betrachtet werden. Diese ist in den Denk-, Wahrnehmungs- und Handlungsschemata eingeschrieben und erweist sich als selbstverständlich bzw. natürlich. Die Geschichte ist im Habitus jedes Einzelnen als »Bild« – zumeist als Fremdbild (zugleich Vorstellung und Konstruktion) verankert. Das Fremdbild führt zumeist dazu, dass:
- sich Menschen distanzieren;
- sie ängstigt, verunsichert und irritiert.

Fremdbilder sind nicht nur individuelle, sondern zugleich kollektive Manifestationen, die immer wieder konstruiert und rekonstruiert werden. Wie kommt es zu diesen Manifestationen? Sind diese (und wenn ja, wie?) zu irritieren bzw. zu verändern? Diesen Fragen ging die Untersuchung nach.

Aus der Fachdiskussion ist bekannt, dass unmittelbare Erfahrungen bzw. der Kontakt (»Kontakthypothese« vgl. Cloerkes) dazu beitragen können, die ursprünglichen »Bilder« zu verändern.

Erfahrungen zeigen, dass es vor allem persönliche Beziehungen (z. B. nachbarschaftliche, familiäre, freundschaftliche, kollegiale) sind, die das manifeste »Bild« erschüttern und zu positiven Veränderungen führen können. Ebenso sind es »Schlüsselerlebnisse«, die das bis dahin vorliegende »Bild« irritieren können.

Bilder, Vorstellungen und Konstruktionen sind lebensgeschichtlich erworbene Habitualisierungen, die unbewusst sind und sich in Einstellungen, Denk-, Wahrnehmungs- und Handlungsschemata zeigen. Bilder im Sinne von Vorstellungen gelten nicht als Kopien der Realität, sondern als Repräsentanten unserer Wahrnehmung. Lurija konstatiert:

> ... wenn Erwachsene die Umwelt wahrnehmen, organisieren (kodieren) sie die Sinneseindrücke zu logischen Systemen und passen sie bestimmten Schemata an. (Lurija 1992, 64)

Insofern sind Wahrnehmungen bereits Interpretationen, die innerhalb des erworbenen Bedeutungsnetzes des Menschen verankert sind. Erworbene Bilder und Vorstellungen bestimmen unsere aktuelle Wahrnehmung, leiten unser Denken und Handeln und rufen Emotionen hervor. Die Gesamtheit der Bilder, Vorstellungen und Konstruktionen fungiert als Strukturierungs- und Ordnungsprinzip des Denkens und Handelns. Der »Habitus« (Bourdieu) ist sowohl

> generierendes Prinzip, ... Operator oder modus operandi (eine Art des Vorgehens oder Handelns) ... (als auch, d.V.) opus operatum (ein Produkt, ein Werk, etwas Hergestelltes); er ist die verinnerlichte, inkorporierte Geschichte; in ihm wirkt die ganze Vergangenheit, die ihn hervorgebracht hat, in der Gegenwart fort – allerdings um den Preis des Vergessens (Krais/Gebauer 2002, 5f.).

Durch Erlebnisse, Erfahrungen, Bilder, Sprache, Wörter und deren Bedeutungen entstehen Vorstellungen, die sich als habituelle Verankerungen niederschlagen. Diese Bilder, Vorstellungen, Konstruktionen können nicht beobachtet oder auf anderem Weg direkt erfasst werden. Sie werden im Kontext der hier dargestellten Untersuchung über die Rekonstruktion der

sprachlichen Reflexion erhoben. Im Forschungskontext interessierte mich insbesondere:
- was Menschen mit dem Begriff »Behinderung« verbinden,
- welche Bilder, Vorstellungen und Konstruktionen habituell verankert sind,
- wie diese »Bilder«, Vorstellungen und Konstruktionen entstehen bzw. wie sie sich im Habitus manifestieren konnten.

Dabei geht es darum, die im Kontext von Lebenssituation und der Lebensgeschichte erworbenen Bilder, Vorstellungen und Konstruktionen von »Behinderung« zu erfassen. Im Zentrum steht die Betrachtung des Habitus als etwas, das durch die sozialen und gesellschaftlichen Verhältnisse geprägt ist.

Mit der Komplexität ihrer Strukturen und Kriterien sozialer Differenzierung legt die moderne Gesellschaft – anders als eine traditionale Gesellschaft wie die der Kabylen – zugleich Sprengsätze im Habitus der Subjekte an, Konflikte zwischen unterschiedlichen Ordnungsvorstellungen und Verhaltensweisen, die die Selbstverständlichkeit der Praxen immer wieder ein Stück in Frage zu stellen vermögen. (Krais/Gebauer 2002, 72 f.)

Das im Oktober 2003 gestartete und bis Juni 2005 dauernde soziologisch orientierte Forschungsprojekt wurde maßgeblich mit Studierenden der Universität Innsbruck durchgeführt. Zwischen 2008 und 2010 wurde es in Deutschland (an der Martin-Luther-Universität Halle/Wittenberg und der Universität zu Köln) erneut durchgeführt. Es wurden problemzentrierte Interviews geführt. Die InterviewerInnen sind zumeist mit den zu Interviewenden bekannt bzw. werden über Bekannte, Kollegen und Freunde vermittelt, um »… gesellschaftliche Nähe und Vertrautheit und … Bedingungen ›gewaltfreier Kommunikation‹« (Bourdieu 1998, 783) zu ermöglichen.

> Um die symbolische Gewalt, die durch die Interviewbeziehung zum Ausdruck kommen kann, so weit wie irgend möglich zu reduzieren, (wurde, d.V.) eine Beziehung des aktiven und methodischen Zuhörens« geschaffen. (Bourdieu, 1998, 782)

Im Kontext der *Grounded Theory*[2] (Glaser/Strauss 1998, Strauss/ Corbin 1996, auch Ziemen 2002) erfuhren die Interviews eine Auswertung. Diese qualitative Vorgehensweise setzt darauf, den Forschungsprozess prinzipiell offen zu lassen, die Stichprobe, Hypothesen und Fragen nicht von vornherein absolut zu setzen, sondern bewusst auf Unvorhergesehenes zu achten. So wird die genaue Anzahl der zu Interviewenden erst während der Untersuchung bestimmt und der Endpunkt dann gesetzt, wenn eine entsprechende Dichte der Information erreicht ist. Die *Grounded Theory* zielt darauf, neue Zusammenhänge aus den Daten zu entwickeln.

Die Situation des Interviews repräsentiert eine »Sonderform des sozialen Austausches« (Bourdieu/Chamboredon/Passeron 1991, 183). Auch wenn sich beide InterviewpartnerInnen kennen, bestimmt der/die InterviewerIn das »Spiel« und die »Spielregeln«,

> ... er (der Interviewer, d.V.) ist es auch, der auf einseitige Weise und ohne vorherigen Aushandlungsprozess über die manchmal, zumindest in den Augen der Befragten, schlecht definierten Gegenstände und Verwendungsweisen des Interviews bestimmt. (Bourdieu 1998, 781)

Gibt es einerseits ein asymmetrisches Verhältnis zwischen InterviewerIn und Interviewter/Interviewtem, wird andererseits durch die Bekanntheit von beiden, auf der Basis eines

---

2 Die »Grounded Theory« ist eine qualitative Forschungsmethode, die darauf zielt, eine Theorie aus den empirisch gewonnenen Daten zu generieren.

Vertrauensverhältnisses ... und dank seiner sozialen Aufrichtigkeit, welche einem freien und offenen Reden förderlich und durch die Existenz diverser sekundärer Solidaritätsbindungen gewährleistet ist ... ein wohlwollendes Verstehen garantiert. (ebd., 785)

Somit soll weitgehend »angstfreie Kommunikation« gesichert werden.

Es wurden 25 Interviews in Österreich und 25 Interviews in Deutschland geführt. Die Interviewten waren zwischen 15 und 80 Jahre alt und gingen unterschiedlichen Tätigkeiten bzw. Berufen nach. Teilweise waren sie bereits pensioniert.

Die Interviews sind zu einer Zeit geführt worden, die für eine Vielzahl von Menschen im europäischen Raum von Prekarität (Hepp 2003) gekennzeichnet ist.

Der Begriff Prekarität bzw. Prekarisierung soll unter anderem auch den Blick darauf lenken, dass Phänomene sozialer Destabilisierung nicht mehr nur auf den »unteren Rand« der Gesellschaft beschränkt bleiben, sondern zunehmend in die Mittelschichten übergreifen. (Hepp 2003, 257)

So wird eine

gewisse Offenheit gegenüber Phänomenen wie Delinquenz, Drogenkonsum, Suizidgefährdung, gesundheitliche Benachteiligung, soziale Neuverteilungen, räumliche Ausschließung etc. (ebd., 257)

gewahrt. Des Weiteren fasst der Begriff der »Prekarisierung« individuell erscheinende, jedoch sozial und gesellschaftlich verursachte Destabilisierungen.

Untersuchungsergebnisse

Bedeutsames und Erstrebenswertes im Leben ...

Der erste Teil des Interviews bezog sich auf das Leben der Befragten, auf Bedeutsames, Erstrebenswertes, aber auch Unerwünschtes und Bedrohliches.

Sind die zu Interviewenden zwar auf ein Interview vorbereitet, trifft sie die Frage nach dem Bedeutsamen in ihrem Leben dennoch überraschend, wie folgendes Zitat belegt: »Was wichtig für mich ist ..., das habe ich mir noch nie wirklich konkret überlegt.«[3] Nach einiger Zeit des Nachdenkens dominiert zumeist die Bedeutsamkeit im Hinblick auf das familiäre Feld, so die Harmonie innerhalb der Familie, die Zufriedenheit aller Familienmitglieder, die innerfamiliäre Ehrlichkeit, das Vertrauen zu- und der Respekt voreinander, gleichzeitig jedoch der Wunsch nach »Freiheit« bzw. Abgrenzung in der Familie mit dem Ziel, ein »gemeinsames Leben in geordneten Bahnen« zu führen, wo »jeder seinen Platz finden« kann. Der Familie wird vor allem »haltgebende« Funktion zugewiesen. Die Familie erscheint somit als

> »eine Stätte des Vertrauens *(trusting)* und des Gebens *(giving)* – im Gegensatz zum Markt und zum *do ut des* – oder, um mit Aristoteles zu reden, der *philia,* ein Wort, das oft mit Freundschaft übersetzt wird, aber eigentlich das Absehen von Berechnung bedeutet ...« (Bourdieu 1998a, 127)

Gerade in einer Zeit, die von wachsender Verunsicherung, von Prekarisierung und Ängsten für viele Menschen geprägt ist, erscheint die Familie als emotionaler Stabilisator. Der Wunsch, dass »alle Familienmitglieder gesund sind« ist überaus dominant. Der Fokus darauf, dass es »den eigenen Kindern gut

---

3 Zitate dieser Art sind den geführten Interviews entnommen.

geht«, sie gesund bleiben und Unterstützung erfahren, die sie für ihre Entwicklung benötigen, erscheint ebenso bedeutsam, wie sie »in das soziale Umfeld zu integrieren«. Der »Familiensinn« besteht darin, die eigenen Kinder darin zu unterstützen einen Platz in der Gesellschaft zu finden, geliebt zu werden und Krankheit bzw. auch »Behinderung«, wenn irgend möglich, abzuwenden (vgl. Ziemen 2002, 151). Auf dieser Basis sind die »unzähligen Bekräftigungs- und Bestärkungsakte« (Bourdieu 1998a, 130) zu verstehen, die die »Pflegearbeit an den Empfindungen« (ebd.) zum Ziel hat, so dass wiederum jedes Familienmitglied mit »Familiensinn« ausgestattet wird, der »Hingabe, Großmut, Zusammenhalt« (ebd., 131) erzeugt.

Vor allem bei Jugendlichen wird über die Familie hinaus bzw. auch an deren Stelle den Freunden ein bedeutender Stellenwert eingeräumt. So äußert sich z. B. die 15-jährige Nichte einer Interviewerin, die als das Wichtigste in ihrem Leben einschätzt, Freunde »zu behalten und neue zu finden«.

Neben der Dominanz von Familie und Freunden kommt dem Feld der Arbeit besondere Bedeutung zu. Die berufliche Situation soll »sinnvoll sein«, so folgende Beispiele:

»Ich will einen Job, den ich gern mache!«

»Ich möchte einen Beruf haben und mit dem Arbeitgeber auskommen«.

Auch der Wunsch nach »Ausgeglichenheit zwischen Familie und Beruf«, sich über das Arbeitsfeld durch ein »angemessenes Einkommen absichern« zu können, ist ins Zentrum der Reflexionen gerückt.

Mit fortgeschrittenem Lebensalter »verschieben sich die Prioritäten« und »Dinge, die einem damals wichtig waren (sind, d.V.) ... heut nicht mehr wichtig«, so die 80-jährige, sozial engagierte und philosophisch interessierte Pensionärin, die den »Blick ... in die ... Zukunft ... gespeist von den Erfahrungen der Vergangenheit« als für ihr Leben bedeutsam ansieht. Besonders wichtig ist ihr die »Menschenwürde« und das Nachdenken über ihr eigenes Verhalten sowie das Verhalten anderer. Als schwierig erachtet sie, »überhaupt Gehör zu finden und nicht zu viel und nicht zu wenig zu sagen« bzw. die »verbleibende Lebenszeit zu nutzen ... vor allem aber in Würde sterben (zu, d.V.) dürfen«.

Zusammengefasst zeigt sich, dass für die Mehrzahl der Befragten Familie, Freunde und Arbeit als besonders bedeutsam im Leben gelten. Mit zunehmendem Lebensalter kann eine Verschiebung von Prioritäten ausgemacht werden. Das Nachdenken darüber, was im Leben erreicht wurde, aber auch übergreifende Fragestellungen bekommen zunehmend Priorität, wie die Frage nach dem »Leben und dem Lebenswerten«, nach dem »Verhalten der Menschen zueinander«, nach der »eigenen Endlichkeit« und der »Frage, was bleibt«.

Zukunftsvorstellungen, die sich auf die Familie, das berufliche Feld und die eigene Perspektive beziehen, sind präsent, wie beispielsweise folgende Aussagen dokumentieren:
- »später glücklich zu sein mit einem Menschen, in Beruf und Familie« (19 Jahre, Studentin),
- »eine Familie zu gründen«,
- die »eigene Freiheit und innere Zufriedenheit« zu finden,
- »allen Provokationen ... Gefahren, Ängsten einfach so ganz cool entgegenblicken und Antworten drauf zu wissen«,
- »mit Freude und Spaß arbeiten gehen« bzw.
- »eines schnellen plötzlichen Todes zu sterben«, sind Wünsche für die Zukunft.

Familiärer Halt, die eigene und die Gesundheit der Familienmitglieder, eine berufliche Zukunft, die Balance zwischen Beruf und Familie und die Hoffnung, Probleme bewältigen zu können, werden sowohl für die gegenwärtige Situation als auch die Zukunft als bedeutsam und erstrebenswert gesetzt.

Darüber hinaus bleibt neben der persönlichen und familiären Ebene Politik, Gesellschaft und Menschenbild nicht ausgeblendet.

Das Erstrebenswerte impliziert Wünsche und Hoffnungen mit dem Ziel der möglichen zukünftigen Realisierung, wobei sich

> das praktische Verhältnis eines bestimmten Handelnden zur Zukunft ... in dem Verhältnis zwischen seinem Habitus ... und einem bestimmten Zustand der ihm von der Sozialwelt gebotenen Chancen (Bourdieu 1993, 120)

zeigt und der Handelnde die

> wahrscheinliche Zukunft ... vorwegnimmt und mit herbeiführt, weil er sie direkt aus der Gegenwart der vermuteten Welt als der einzigen herausliest, die er je erkennen kann. (ebd.)

So ist das Verhältnis zu den Möglichkeiten den »Chancen der Bedürfnis- und Wunschbefriedigung angepasst« und fordert den Einzelnen heraus, »nach den eigenen Möglichkeiten zu leben« und sich »mit Prozessen zu verbünden, die das Wahrscheinliche zu realisieren suchen« (ebd., 121).

Nicht Wünschenswertes, Bedrohliches im Leben ...
Impliziert das Erstrebenswerte Hoffnungen, Wünsche und Sehnsüchte für das eigene Leben und den sozialen Kontext, in denen Menschen leben, so stellt die Reflexion dessen, was als bedrohlich wahrgenommen wird, genau die Gegenseite dar. Auch hier rückt wiederum die Familie ins Zentrum. *Befürchtungen* und Ängste, eine Krankheit, eine Behinderung oder den Tod »zu erleiden«, bestimmen die Reflexionen. Hier eine Auswahl aus den Interviews:
– die Angst, dass der »Familie ... etwas passieren könnte, Ehepartner oder Kind betroffen sind«,

- die Angst »ein Kind zu verlieren« und dann »hilflos zu sein«,
- die Angst, dass »die Kinder oder wir selbst schwer erkranken könnten«,
- die Angst vor einer möglichen »Behinderung«.

Weitere Befürchtungen bestehen darin, dass Erwartungen unerfüllt bleiben, so die
- »eigenen Kinder und ihr Leben nicht nach ihren Vorstellungen realisieren können« bzw. sich »unmoralisch verhalten«.

Junge Menschen (z. B. Studierende) befürchten,
- Zeit »unnütz« verbracht zu haben, d. h., Zeit »in Studium und Freundschaft investiert zu haben und danach nichts davon zu haben«.

Insbesondere ältere Menschen formulieren Befürchtungen bezüglich ihres sozialen und gesellschaftlichen Umfeldes, so etwa die 80-jährige Pensionärin:

> Ich bin schon zutiefst besorgt ... um junge Leute, die all den verheerenden Einflüssen wie Kommerz, sittlichem Verfall heute ausgesetzt sind ... und von der Schule her, auch von den Pädagogen, die müde sind oder resignieren ...

Ebenso gibt es Befürchtungen darüber, dass der »Weltfrieden nicht erhalten bleibt«, so bspw. die 57-jährige Engländerin, die seit 20 Jahren in Deutschland lebt.

Wird zum einen als das Erstrebenswerte wahrgenommen, Arbeit zu haben und abgesichert zu sein, wird zum anderen der »Verlust der Arbeit« als absolut bedrohlich erlebt, da damit der »Verlust an sozialer Anerkennung und Selbstbestätigung« einhergehen würde.

Beruflich im sozialen Bereich eingebundene Menschen reflektieren Befürchtungen um »Ausgrenzung und Tötung von behinderten und alten Menschen«, wie die Rückkehr zur »Euthanasie, weil eine Ausgrenzung von Menschen in der Gesellschaft vorhanden ist, die ein Handicap haben«, so der Leiter eines Sozialzentrums in Österreich.

Zielten die ersten Leitfragen darauf ab, die Vorstellungen über das eigene Leben, erstrebenswerte Wünsche und Hoffnungen bzw. Befürchtungen und Ängste zu erheben, bezogen sich die folgenden Fragen nun differenzierter auf die möglichen »Bilder«, Vorstellungen und Konstruktionen von »Behinderung«.
  Die Frage nach dem »Kontakt« mit behinderten Menschen soll Aufschluss darüber geben, ob bzw. inwiefern die Befragten, den fokussierten Personenkreis im unmittelbaren Lebensumfeld wahrnehmen. Die Interviewten berichten von Begegnungen in Schule, Freizeit und Familie, im Rahmen beruflicher oder ehrenamtlicher Tätigkeit. »Oberflächlicher Bekanntenkreiskontakt« oder »kein Kontakt« wird als positiv eingeschätzt. So berichtet die 60-jährige Hausfrau mit Stolz, »dass in der Familie alle gesund sind und sie mit Behinderung nichts zu tun haben«.
  Unfall, Krankheit, Tod, Behinderung werden zumeist als dramatisch erlebt, sind angstbesetzt oder werden verdrängt. Insbesondere bei den beruflich nicht sozial orientierten Befragten erscheint dies überdimensional häufig.

Nach einleitenden und hinführenden Fragestellungen im Interview bezog sich die zentrale Frage darauf, was Menschen mit dem Begriff »Behinderung« verbinden. Die Untersuchungsergebnisse verweisen auf ein facettenreiches Spektrum der habituellen Repräsentationen.
  »Behinderung« wird nur vereinzelt als »Behindertwerden« oder »Normalität« betrachtet. Einige Beispiele dazu:
- »behindert ist, wer behindert wird«;
- »behindert heißt eigentlich einfach Mensch, normal«;
- »Behinderung ist relativ«.

Diese eher positiven Konnotationen sind zumeist aus den eigenen lebensgeschichtlichen Erfahrungen mit »Behinderung« zu erklären. Sie bezogen sich auf Erfahrungen in der Familie, Schule, Freizeit, durch den Freundeskreis oder die Ausbildung.

Vorstellungen und »Bilder« repräsentieren auch eigene unerfüllte Sehnsüchte und Wünsche, so z. B. aus dem Interview einer 32-jährigen Frau: »Behinderte können so viele Sachen tun, die für uns Normale verboten werden.«

Neben den positiven Konnotationen zeigten die Untersuchungen jedoch, dass »Bilder« und Vorstellungen mit negativer Konnotation zu »Behinderung« überwiegen. Dabei sind Fachleute mit pädagogischer, sozialer, therapeutischer, medizinischer oder psychologischer Orientierung nicht ausgenommen.

»Behinderung« erscheint im Spektrum von:
- Anderssein/Ausgrenzung: z. B. »behindert heißt anders sein als die Gesellschaft, als die Normalen«; »… die Umwelt ist für Nichtbehinderte geschaffen, jeder wird in eine Norm gepresst, wer herausfällt, wird ausgegrenzt«;
- Infantilisierung: »Behindertsein heißt, ewig Kind sein.«;
- Leistungsminderung: z. B. »im geistigen oder im körperlichen Sinne«;
- Angewiesensein auf Hilfe anderer: »Unselbstständigkeit, das Leben zu meistern« (Leiter eines Sozialamtes);
- Unglück/Leid/Tragik/Strafe: »ich frag mich, warum die Kinder so sein müssen … warum sie so gestraft sind«;
- Reduktion auf Natur: »irgendwo hat jeder Behinderte irgendwas mit Gendefekt von Geburt an«;
- Auslöser von Emotionen, wie z. B. »die Angst, wenn es einen selbst betrifft«; Mitleid, aber auch Bewunderung, »wenn Leistungen vollbracht werden, die nicht vorstellbar sind«;
- Zuschreibung von Charaktereigenschaften: »sie sind meistens nett, herzlich, aufgeschlossen, haben keine Vorurteile«.

Insbesondere Menschen, die unter den Bedingungen von »geistiger Behinderung« leben, werden »als freier und lockerer als Nichtbehinderte« eingeschätzt. Es besteht die Auffassung, dass diese »keinen Stress oder Leistungsdruck haben und sie sehr entspannt sind«. Zugleich werden sie aber auch »langsamer und auf Hilfe, Unterstützung, Zuwendung angewiesen« eingeschätzt.

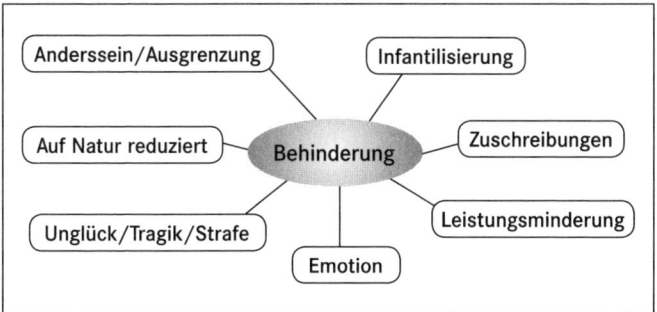

Abbildung 4: Wahrnehmungsspektrum von »Behinderung«

Menschen mit Körperbehinderung, insbesondere »RollstuhlfahrerInnen« erscheinen als die »Königsklasse unter den Behinderungen« und zugleich »am akzeptiertesten«. »Menschen mit geistiger Behinderung« werden zwar »auch akzeptiert«, jedoch zugleich bedauert. »Man nimmt sie nicht ernst, sie werden gehänselt oder veralbert« (aus den Interviews).

Nach Einschätzung der Interviewten sind das »allergrößte Problem« die psychisch Kranken, »die schwer zu erkennen sind und denen es an Hilfsmitteln fehlt« (aus den Interviews). Hier werden die meisten Unsicherheiten beschrieben.

Grundsätzlich wurde grob zwischen »Körperbehinderung« und »geistiger Behinderung« unterschieden. Blindheit, Gehörlosigkeit, Lernbehinderung z. B. erscheinen nicht bzw. äußerst selten innerhalb dieser Befragung.

Darüber hinaus wird die mögliche Unterstützung für Menschen, die unter den Bedingungen von Behinderung leben, unterschiedlich eingeschätzt. Hauptsächlich bei »körperlich behinderten Menschen« ist nach Einschätzung der Interviewten die Hilfe bzw. Unterstützung möglich. Aussagen aus den Interviews sind:
- »dem kann ich helfen, ihm den Rollstuhl bewegen«,
- »die Menschen brauchen Hilfsmittel, dann kommen sie auch gut klar«.

Anders wird dies bei »geistiger Behinderung« bewertet, so z. B.:
- »da ist das schwieriger zu helfen«,
- »da kann ich nichts machen«,
- »ich weiß nicht, was ich da tun kann«.

Die Untersuchungsergebnisse weisen aus, dass »psychische Krankheit«, die auch als »mentale Behinderung« gekennzeichnet wird, die geringste Akzeptanz erfährt. »Menschen mit psychischer Behinderung werden am meisten stigmatisiert, da sie selbst ihre Erkrankung verschweigen«, so die Konstruktion eines 55-jährigen Leiters des Sozialamtes. Hier wird das Problem in die betroffene Person selbst verlegt.

Mit zunehmender Schwere der diagnostizierten »Behinderung« wird eingeschätzt, dass Hilfe bzw. Unterstützung schwieriger zu realisieren ist, so z. B.
- mit »schwer spastisch behinderten Kindern, wo kein Zugang direkt möglich wird, ist es schwerer umzugehen als mit einem Körperbehinderten oder einem Kind mit Down-Syndrom oder eben den Lernbehinderten«, so die Bewertung einer Sonderschullehrerin.

Darüber hinaus werden auch ältere Menschen undifferenziert als »behindert« betrachtet mit der Begründung, dass es im Alter nicht mehr möglich ist »alles zu erreichen oder angreifen zu können, was sie möchten« (21-jährige Studentin der Sozial- und Wirtschaftswissenschaftlichen Fakultät) oder sie »gebrechlich werden und gepflegt werden müssen«.

Insgesamt betrachtet zeigt sich, dass bei den Befragten Bilder und Vorstellungen mit negativen Konnotationen überwiegen. Darüber hinaus werden auch »psychische Krankheit« und das Alter mit »Behinderung« in Verbindung gebracht.

Eine weitere Frage im Interview bezog sich darauf, ob neben dem Begriff »Behinderung« andere Begriffe selbst benutzt bzw. im unmittelbaren Umfeld gebraucht werden. Die Untersuchungsergebnisse zeigen ein Spektrum von:
- z. T. veralteten medizinischen/psychiatrischen Kategorien: »Blödheit«; »Idiotie«; »Mongoloismus«,
- ein Gleichsetzen von Behinderung und Krankheit – mit der Begründung, dass »Behinderungen häufig aus Krankheiten hervorgehen« (aus einem Interview).

Ebenso sind Kategorisierungen, die die Abwertung, Abgrenzung, Diskriminierung und Stigmatisierung deutlich werden lassen, präsent (z. B. »depperter Hund« oder »Handicap«).

Ausschließlich die beruflich sozial und pädagogisch orientierten Befragten zeigten eine gewisse Zurückhaltung bei der Beantwortung der Frage.

Ein generelles Verzichten auf den Begriff »Behinderung« erscheint undenkbar:
- »Den Begriff Behinderung brauchen wir, damit jeder weiß, was gemeint ist«;
- »der Begriff alleine macht's nicht ... wenn halt jemand ›geistig behindert‹ ist – wie drück ich's denn aus? – früher sagte man: der ist ein Idiot – das würde ich wirklich verwerfen – aber ›geistig behindert‹ ist er eben. Ich muss es ja irgendwie bezeichnen. Hier sollte man keine Übersensibilität kultivieren.«

Schließlich wurde nach der Reaktion auf »Behinderung« gefragt. Die meisten Interviewten berichten von Reaktionen wie:
- »Mitleid ... viel, viel Mitleid« (»ich bleib stehn und schau sie an und denk: Ach, Gott die Armen, so richtig Mitleid, dass mir oft die Tränen kommen«).
- Zugleich wird aber auch beschrieben, dass man »unsicher/hilflos/ängstlich« sei, dass es »Anlass zum Staunen« gebe oder ein »besonderes Interesse« geweckt wird, helfen zu wollen. Dabei wird insbesondere bei »schwer(st)er bzw. geistiger Behinderung« und bei psychischer Krankheit vor allem Ablehnung und Rückzug benannt.
- Vielfach zeigen sich die Reaktionen auch ambivalent: »Manchmal tun sie mir irrsinnig leid, dann denk ich wieder, die Leute haben oft den größten Lebenswillen.« – »Manchmal hab ich das Gefühl, auf sie zugehen zu müssen und gleichzeitig frage ich mich: Mag der das oder mag er es nicht?«

Habituelle Repräsentationen werden zumeist von negativen Konnotationen zu Behinderung bestimmt, wobei Angst, Verdrängung und die Suche nach Handlungsmöglichkeiten in den Vordergrund rücken. Ganz deutlich wird jedoch eine Hierarchisierung von konstruierten Bildern und Vorstellungen nach den Kategorien »Körperbehinderung«, »geistige Behinderung« und »psychische Krankheit«. Diese hierarchisierte Vorstellung spiegelt sich wiederum in Reflexionen bezüglich gemeinsamer Lebens- und Lernräume wider. Am problematischsten und schwierigsten bzw. sogar völlig unmöglich erscheint ein Zusammenleben in der Partnerschaft.

Akzeptierter und vorstellbarer ist ein Zusammenleben bzw. die Kooperation im Arbeitsfeld, in der Freizeit und bei gemeinsamer Bildung.

Im Arbeitsfeld werden gravierende Einschränkungen im Hinblick auf »schwere Behinderung« bzw. »psychische Krankheit« beschrieben. Die eigens gestellte Herausforderung als ArbeitskollegIn bezieht sich darauf, »Hilfe leisten zu müssen« und ein »hohes Maß an Einfühlungsvermögen und Engagement« zu beweisen.

Zugleich wird bei Menschen, die unter den Bedingungen von Behinderung leben, ein »gewisses Maß an Selbstständigkeit« vorausgesetzt. »Verhaltensauffälligkeiten«, z.B. Aggressivität, stehen einem gemeinsamen Arbeiten grundsätzlich im Wege, wobei dann die »Behindertenwerkstätte als geeignet erscheint«. Vorteile im gemeinsamen beruflichen Feld werden maßgeblich und vordergründig für den Menschen mit Behinderung gesehen.

Werden die unterschiedlichen Felder betrachtet, gilt insbesondere die Integration/Inklusion in das »Feld der Arbeit« als schwierig.

Die gegenwärtige Situation auf dem Arbeitsmarkt wird als »inklusionsunfreundlich« gekennzeichnet, so einige Beispiele:
- »Der Wind der Wirtschaft geht in eine andere Richtung ... Arbeitskräfte werden abgebaut.«
- Da die »Betriebe wirtschaftlich ausgerichtet sind und behinderte Menschen den Leistungsanforderungen nicht genügen können, wird die Integration immer schwierig bleiben.«
- »Berufliche Integration entspricht nicht den Vorstellungen der Arbeitgeber – es wird Leistung erwartet und die können Behinderte nicht erbringen.«

Eine letzte Frage bezog sich schließlich auf die Chancen von Integration bzw. Inklusion. Einige Interviewte sahen die Vorteile für alle Beteiligten so:
- »die daraus erwachsende Potenz eigener Weiterentwicklung«,
- »die persönliche Horizonterweiterung«,
- »an die eigenen Grenzen zu kommen« und
- »miteinander bzw. voneinander zu lernen«.

In der Gesamtbetrachtung zeigt sich, dass »Behinderung« im Kontext von Ausgrenzung, Fremdheit und Distanzierung in den Vordergrund tritt. Forderungen und Wünsche nach einem »humaneren Leben«, »nach Begleitung von behinderten Menschen«, nach der »Zusammenarbeit zwischen Privatpersonen und Organisationen«, nach »realen Chancen auf Akzeptanz« dominieren. Ziel ist es, dass »jeder, der es braucht, von außen Hilfe bekommt und sich auch helfen lässt« (aus den Interviews).

Habitualisierte Bilder und Vorstellungen werden durch eigene unzählige Sozialisationserfahrungen erworben, festigen sich, werden irritiert oder auch verworfen. »Schlüsselerlebnisse«, Begegnungen und gemeinsame Erfahrungen können ursprüngliche »Bilder« und Vorstellungen verändern. Die ursprünglichen habituellen Verankerungen werden im Kontext von familiären und institutionellen (z. B. schulischen) Feldern herausgebildet. Eine Interviewte schildert beispielsweise die als Kind gemachte »Erfahrung, dass für meine Mutter alle Menschen gut waren«, oder dass »es in der Schule oberstes Gebot war, behinderte Menschen nicht anzustarren«.

Ebenso können aktuelle Erfahrungen und Erlebnisse in Familie, Freundschaft, Nachbarschaft, in der Ausbildung, in ehrenamtlicher Tätigkeit die habituellen Verankerungen erschüttern und die ursprünglichen habituellen Repräsentationen infrage stellen. Eine junge Frau beschreibt, dass die »Geburt der Tochter (Down-Syndrom) einer Freundin« das ursprünglich »ablehnende Bild in Frage stellte« und sie zunehmend die Chancen und Kompetenzen des Kindes wahrzunehmen lernte.

Die habitualisierten Bilder, Vorstellungen und Konstruktionen von »Behinderung« korrespondieren mit den eigenen Wünschen und Hoffnungen bzw. Ängsten und Ablehnungen. Die Hierarchisierung der Bilder, Vorstellungen und Konstruktionen ist im Verhältnis zur Hierarchisierung der Hilfe, Unterstützung und Anerkennung zu beurteilen. Negative Bilder, Vorstellungen und Konstruktionen zu »Behinderung« stehen der inklusiven Idee und deren Umsetzung im Wege.

Kinder und Jugendliche, die unter den Bedingungen von »schwerster und mehrfacher Behinderung« leben,[4] sind, wie in der Geschichte immer wieder erfahren, von Exklusion besonders – oftmals in mehrfacher Hinsicht – betroffen.

Sie sind am meisten von sozialer und kultureller Teilhabe ausgeschlossen. Ihnen werden »besondere Bedarfe« attestiert. Zukünftig wird sich zeigen, ob und wie es gelingt, alle gesellschaftlich relevanten Felder, z. B. die der Bildung, des Gesundheitswesens, der Kultur, der Arbeit, der Freizeit, des Wohnens etc. so zu gestalten, dass jeder Mensch teilhaben kann.

---

4   Bezeichnungen wie »Menschen mit intensivem Assistenzbedarf«, »Menschen mit komplexer Behinderung« (Fornefeld), »forgotten citizens of the world« (IASSID Worldcongress 2008), »Personen mit intensiven Behinderungserfahrungen« u. a. m. sind in der Fachliteratur zur Kennzeichnung des Personenkreises zu finden.

III Eine Schule für ALLE

Sich für Inklusion begeistern

Es ist kein Geheimnis und längst Bestand der Erkenntnis, dass Menschen, die für eine Sache brennen, vorher nicht für möglich Gehaltenes realisieren bzw. die an sie gestellten Herausforderungen bewältigen können. Das zeigt sich insbesondere auch am Thema »Inklusion«.

Hirnforscher machen darauf aufmerksam, dass vordergründig die »subjektive Bewertung« bzw. die »Begeisterung« für etwas oder jemanden entscheidend ist und sich auf dieser Basis Lern-und Entwicklungsprozesse vollziehen (vgl. Hüther 2011, 92 ff.).

> Das kennen wir alle: Wenn einem etwas wirklich wichtig ist, dann strengt man sich auch an, um es zu erreichen. Dann fokussiert man seine Aufmerksamkeit auf das angestrebte Ziel, dann unterdrückt man alle möglichen anderen Bedürfnisse, dann entwickelt man eine Strategie und macht einen Plan, um das, was einem wirklich wichtig ist, nun auch wirklich umzusetzen. Und wenn das Ganze dann auch tatsächlich klappt, ist man hellauf begeistert. Über sich selbst und über das, was man jetzt tatsächlich erreicht hat, vielleicht auch noch über all die anderen, ohne deren Unterstützung all das gar nicht machbar gewesen wäre. (Hüther 2011, 92)

Alle Menschen sind auf andere Menschen angewiesen, um sich gegenseitig zu begeistern oder die Begeisterung zu teilen.

Hüther verweist darauf, dass wir »gewissermaßen kollektiv unsere Begeisterungsfähigkeit verlieren (können, d.V.) und damit unsere Kreativität, unsere Lebensfreude, Entdeckerlust und Gestaltungskraft« (ebd., 109). Das geschieht sehr »häufig in der Familie, einem Unternehmen, manchmal sogar in einer ganzen Gesellschaft, aber auch in der Schule« (vgl. ebd.).

Kann die Herausforderung mit Blick auf Inklusion Begeisterung auslösen, sodass sich Entwicklungen in Schulen, Schullandschaften oder Sozialräumen vollziehen? Gegenwärtig ist die Entwicklung weniger von Begeisterung als vielmehr von Unsicherheit, Befürchtungen und der Vorstellung getragen, dass die großen Herausforderungen (vor allem in der Schule) nicht zu bewältigen sind. Positive Entwicklungen sind dort zu beobachten, wo Lehrkräfte, Teams und Schulen motiviert, engagiert und emotional positiv eingestellt einen Weg finden (wollen). Da ist z. B. das Team einer Schule in Köln, die über langjährige integrative Erfahrungen verfügt, die ein Kind mit diagnostizierter »schwerst mehrfacher Behinderung« in eine erste Klasse aufgenommen hat, die engagiert tagtäglich neue Lösungen der Partizipation, Einbindung und Differenzierung sucht, dabei wie selbstverständlich auf die Anregungen der Eltern zurückgreift und vor allem die Reflexionen im Team schätzt.

Da ist z. B. ein Gymnasium, welches mit Blick auf Inklusion mehrere Differenzlinien berücksichtigt und ab dem Schuljahr 2013/14 eine »inklusive« 5. Klasse führen wird. Auch wenn Widersprüche zutage treten und offene Fragen noch nicht gelöst sind, hält sie niemand davon ab, mit der Arbeit zu beginnen. In Vorbereitung auf die neuen Herausforderungen und für die Begleitung der ersten Jahre nehmen die Lehrpersonen Kontakt mit der Universität auf. In einem »Theorie-Praxis-Seminar« werden die Entwicklungen der Schule begleitet. Studierende erhalten so nicht nur einen Einblick in die laufenden Entwicklungsprozesse einer Schule, sondern entwickeln mit dem

LehrerInnenteam eine Forschungsfrage, die sie im Laufe des Seminares bearbeiten. Die Bearbeitung dieser Frage soll die Schule in ihrem Vorhaben unterstützen, indem die Studierenden (begleitet vom Dozententeam) an Fragen arbeiten, die sich ganz real in der Schulpraxis zeigen.

Das Konzept hat sich bewährt. Seit fünf Jahren arbeiten jeweils Studierenden- und Schulteams an gemeinsam entwickelten Forschungsfragestellungen. Die Studierenden üben sich im »Forschenden Lernen« und die Schulen erhalten somit eine Gelegenheit, ihre eigenen Entwicklungen begleiten und evaluieren zu lassen.

Grundsätzlich gilt:

Die inklusive Idee wird sich nur durch eine grundlegend positive Einstellung, Haltung bzw. Überzeugung aller Beteiligter umsetzen lassen, was keinesfalls bedeutet, die auftretenden Probleme oder Widersprüche zu negieren. Länder, die seit Langem ein auf Inklusion ausgerichtetes Schulsystem entwickelt haben, beispielsweise Kanada oder Italien, stehen dafür beispielhaft. Durch Kontakte, Begegnungen und Erfahrungen vor Ort konnte ich mich persönlich davon überzeugen.

Eine Schulinspektorin aus Südtirol äußerte sich wie folgt:

> Eine Schule für alle ist möglich. Seit 35 Jahren besuchen in Italien alle Kinder und Jugendlichen – mit und ohne Behinderungen – gemeinsam die Schule. Als die Sonderschule im Jahre 1971 teilweise – und 1977 endgültig – abgeschafft wurde, war der Weg frei für das gemeinsame Lernen aller Kinder. Es gab weder ausgebildete Lehrpersonen noch behindertenspezifische Hilfsmittel, ganz zu schweigen von barrierefreien Schulen mit Zusatzräumen und dergleichen. Und: Es gab auch keine Erfahrung darin, mit der Situation umzugehen. Doch es gab trotz Widerständen, Befürchtungen und Ängsten eine engagierte Lehrerschaft, die vom Gedanken überzeugt war, ausnahmslos alle Kinder ein Stück ihres Lebens gemeinsam

gehen zu lassen. Nicht zuletzt brachten viele aus ihrer Studienzeit in unterschiedlichen Städten auch jene politische Einstellung mit, die einen Ausschluss von Personengruppen nicht nur kritisierte, sondern sich bewusst für die Anerkennung der Vielfalt und für die gleichen Rechte aller einsetzte. (Niederstätter 2012, 29).

Die Integration in Südtirol ist eine Erfolgsgeschichte und die Verdienste gehören vielen: den Verantwortlichen für die Aus- und Fortbildung der Lehrerschaft, den politischen Vertretern für das Schaffen von günstigen Rahmenbedingungen wie zum Beispiel der kostenlose Transport der Schülerinnen und Schüler. Auch der Psychologische Dienst, die Ärzte der Rehabilitationsdienste und nicht zuletzt die Eltern, die immer wieder die Rechte ihrer Kinder anmahnten und für diese kämpften, haben großen Anteil an dieser Entwicklung ...

Inklusion bleibt immer ein Prozess, die Umsetzung hängt immer von Personen ab. Es bleibt ein ständiges Ringen und eine schwierige Aufgabe, den Bedürfnissen eines jeden Einzelnen gerecht zu werden ... (Niederstätter 2012, 29)

Ist das der Schlüssel? In meiner Tätigkeit als Dozentin bzw. durch Kontakte mit Schulen, Lehrpersonen, Studierenden, Dozenten, Eltern, Organisatoren von Projekten und Institutionen in Italien, insbesondere in Südtirol, wurde dies immer wieder bestätigt. Es gibt ein gemeinsames Selbstverständnis, dass alle Kinder und Jugendlichen ohne jede Ausnahme »dazu gehören«, dass keiner ausgeschlossen werden darf und dass jedes Kind einzigartig und willkommen ist. Die pädagogische Arbeit geht vom jeweils Einzelnen aus und schätzt die Kompetenzen aller Kinder und Jugendlichen mit besonderer Hochachtung, ganz gleich, ob ein Kind mit Autismus, Trisomie 21, »schwerst mehrfacher« Behinderung oder ohne Diagnose im Blick ist. Auf dieser Basis ist ein Zugang für alle Kinder und Jugendlichen zu einer Schule für alle möglich.

Dennoch sind damit noch längst nicht alle Herausforderungen bewältigt. Die Diskussion darüber, wie ein Unterricht zu gestalten ist, der jedes Kind/jeden Jugendlichen und die ganze Gruppe/Klasse berücksichtigt, muss immer wieder neu geführt werden.

Die Erfahrungen zeigen, dass diagnostische und didaktische Konzepte und Modelle stets hinterfragt, geprüft und weiterentwickelt werden müssen. Die Maßgabe dabei ist, gemeinsames Lernen, Spielen und Arbeiten, zugleich jedoch die Unterstützung individueller Entwicklung jedes/jeder Einzelnen zu ermöglichen. Die besondere Herausforderung besteht darin, eine Balance individueller und gemeinschaftlicher Angebote herzustellen.

Bevor ich genauer auf die Kompetenzen in der Schule und auf die Gestaltung unterrichtlicher Prozesse eingehe, muss vorab angemerkt werden, dass vor allem internationale Erfahrungen zeigen, dass inklusive Prozesse dann besser gelingen, wenn alle an der Umsetzung der inklusiven Idee Beteiligten:
- sich bereits im Vorfeld dafür engagieren und teilhaben können,
- ihre Fragen, Unsicherheiten und Ängste thematisieren können,
- die Prozesshaftigkeit des Vorhabens erkennen, wahrnehmen und
- vor und während des gesamten Prozesses unterstützt und begleitet werden.

Schulen, Lehrpersonen und Teams sind auf Unterstützung angewiesen, so wie es beispielsweise das kanadische Modell der »methods-and-resource-teams« zeigt.

In der Dissertation von Andreas Köpfer zum Thema *Inclusion in Canada – Analyse inclusiver Unterrichtsprozesse, Unterstützungsstruktu-ren und Rollen am Beispiel kanadischer Schulen in den Provinzen New Brunswick, Prince Edward Island und Québec* (Köpfer 2013) wurde untersucht, »was inclusive Schulen und die inclusive Schulentwicklung in Kanada ausmacht« (ebd., 12). Andreas Köpfer arbeitet heraus, dass in Kanada

> an den untersuchten Schulen ein Unterstützungssystem etabliert (ist, d.V.), welches die Lehrperson im Mittelpunkt bzw. als Hauptrezipienten sieht …, da ihr bzw. ihm die Hauptaufgabe der inclusiven Unterrichtsgestaltung übertragen ist. Verschiedene schulinterne Rollen haben sich herausgebildet, allen voran das Methods & Resource Team als methodisch-didaktische sowie sonderpädagogische Reflexionsfläche und Unterstützungsebene. (ebd., 243)

Das deckt sich mit den Erfahrungen, die ich bei meinem Forschungsaufenthalt in Kanada (Nova Scotia, Halifax) im April und Mai 2012 gemacht habe. Das »Methods & Resource Team« kann als die entscheidende Instanz innerhalb der Schule angesehen werden, angesiedelt zwischen den Lehrpersonen und der Schulleitung. Es verfügt über genügend Zeit und Raum, die täglichen Herausforderungen mit den Lehrpersonen unterstützend und beratend zu meistern. Das »Methods & Resource Team« gibt der Lehrperson z. B. Sicherheit und Hilfe bei der Unterrichtsvorbereitung, Durchführung, Nachbereitung. Gegebenenfalls reflektiert und evaluiert das Team gemeinsam mit den Lehrpersonen auch die unterrichtlichen Prozesse.

> Dem je nach Größe der Schule aus zumeist zwei Personen bestehenden Methods & Resource Team steht in der Regel ein sogenannter »Resource Room« zur Verfügung, in welchem neben Materialsammlung …, Computerarbeitsplätzen … und Austauschraum für Lehrerinnen und Lehrer … auch die Möglichkeit für Einzelförderung von Kindern … gegeben ist. Die

zeitliche Komponente wird dadurch erfüllt, dass die Methods & Resource Teacher nur einen kleinen Teil als unterrichtende Lehrerinnen und Lehrer eingesetzt werden und weitgehend über die gesamte Arbeitszeit zur Ausübung der Position des Methods & Resource Teachers verfügen. (ebd., 197)

Sie haben die Chance, »sich verschiedenen Arbeitsbereichen zuzuwenden, für welche üblicherweise nicht genügend Zeit zur Verfügung steht« (ebd.). Dennoch wird die Rolle des Methods & Resource Teams als eine der anspruchsvollsten und anstrengendsten eingeschätzt. (ebd.)

Andreas Köpfer arbeitet schließlich verschiedene Aufgabenfelder heraus, die hier zusammengefasst dargestellt werden sollen.

Zunächst aber zur »personellen Besetzung des Methods & Resource Teams« (ebd., 198): »Methods & Resource Teacher erhalten keine eigenständige, separierte Ausbildung, sondern sind primär Lehrerinnen und Lehrer« (ebd.). Meist verfügen sie über Erfahrungen in der Schulpraxis, einige können auch eine zusätzliche Ausbildung (z. B. den Master of Inclusive Education) oder Fort- und Weiterbildungen in didaktisch-methodischen oder sonderpädagogischen Fragen nachweisen. Oftmals genießen die »Methods & Resource Teacher« ein hohes Ansehen innerhalb der Schule bzw. verfügen über spezifische Kompetenzen (vgl. auch ebd.).

Andreas Köpfer fasst die Aufgabenbereiche wie folgt zusammen:

Die Hauptkomponente der Unterstützung durch das Methods & Resource Team ... wird im Sinne der Bereitstellung einer Reflexionsfläche geschaffen, als beratende Stelle für Lehrerinnen und Lehrer und als Koordinationspunkt für den Austausch untereinander. (ebd.)

Detaillierter betrachtet ergeben sich folgende Aufgabenfelder: »Das Methods & Resource Team als Beratungsinstanz und als Distributoren methodisch-didaktischer sowie sonderpädagogischer Kompetenzen und Ressourcen« (ebd. 200). Das Team »fungiert ... als Reflexionsfläche für Fragen und Probleme der Lehrerinnen und Lehrer« (ebd.) und ist zugleich eine nicht zu unterschätzende »Stütze«. Die Lehrpersonen und Teams können sich der Hilfe also sicher sein. LehrerInnen im deutschsprachigen Raum kritisieren insbesondere, anstehende Herausforderungen und Probleme allein bzw. bestenfalls im Team lösen zu müssen. Sie skizzieren überfordernde Situationen, die durch die jeweils neu zu bewältigenden Probleme entstehen.

Detailliert zeigen sich im kanadischen Schulsystem folgende Aufgabenfelder für das Methods & Resource Team:
- »direkte personelle Unterstützung im Unterricht« bereitstellen;
- zuständig sein für den »Special Education Plan« bzw. als
- »Koordinationsstelle für schulorganisatorische Abläufe« (ebd., 202 ff.) zu fungieren.

Andreas Köpfer konstatiert:

> Das Methods & Resource Team verfügt also über die notwendige Zeit, den Einsatz von Therapeutinnen und Therapeuten ... zu koordinieren, Elterngespräche zu führen, schulinterne Gremien zu leiten und zu evaluieren oder die Schulleitung zu unterstützen. Es ist das entscheidende Bindeglied zur Koordination schulorganisatorischer Prozesse, zur Unterstützung aller Kinder, nicht nur derjenigen mit Special Education Plan. (ebd., 207)

Ob auch im deutschsprachigen Raum mit solchen Strukturen die Lehrpersonen bzw. Teams unterstützt werden können, kann an dieser Stelle nicht geklärt werden. Sicher ist jedoch, dass Lehrpersonen an den Schulen bzw. ganze Teams auf Unterstützung angewiesen sind.

Eine kontinuierliche Unterstützung, die zugleich flexibel, zeitlich ungebunden und in den Schulen selbst, d. h. räumlich nah, etabliert ist, gibt den Lehrpersonen bzw. Teams Sicherheit und die Gewissheit, dass Fragen beantwortet und Probleme gemeinsam gelöst werden können.

Ergänzend ist anzumerken, dass neben den »Methods & Resource Teams« in Kanadas Schulen weitere Akteure mit unterschiedlichen Aufgaben und Rollen durchaus unterstützende Wirkung zeigen, so beispielsweise

- das »sogenannte Guidance Team«, der »Guidance Counselor«, der »vornehmlich die Vermittlerrolle zwischen Kind, Schule und Eltern innehat« (vgl. ebd., 210),
- der »Student Intervention Worker als Initiator von Gruppenaktivitäten und als direkter Ansprechpartner und Vertrauensperson der Kinder« (ebd.),
- die Eltern, welche eine bedeutende Rolle einnehmen »eine inklusive Schulkultur zu etablieren und aufrechtzuerhalten« (ebd.),
- »Freiwillige aus der Gemeinde« (»Volunteers«) (ebd., 211) bzw.
- »weiteres Personal, das bisweilen fest an den Schulen angestellt ist und in Bedarfsfällen … die Schule konsultiert« (ebd.), z. B. TherapeutInnen.

All diese Akteure fungieren zumeist als »critical friends« und werden auch als solche wertgeschätzt und anerkannt. Jeder/jede trägt mit seiner Rolle und den jeweiligen Aufgabenbereichen zur Etablierung einer inklusiven Schulkultur und Gemeinschaft bei. Darüber hinaus wird auch der Öffnung der Schule nach »außen« (in die Gemeinde) hohe Bedeutung zugemessen.

In der Gesamtbetrachtung zeigt sich, dass alle beteiligten Personen, von der »inklusiven Idee« selbstverständlich überzeugt sind.

Die »inklusive« Haltung, Einstellung und Überzeugung ist charakterisiert durch ein Verständnis, dass
- Lernen und Entwicklung ein offener und nicht vorher bestimmter Prozess ist;
- jedes Kind/jeder Jugendliche Potenzial mitbringt und dieses entwickelt;
- jede/jeder bereichernd für alle sein kann und
- Lehrpersonen/Teams im Prozess Lernende sind.

Kompetenzen für schulische Inklusion

Welches sind nun die Kompetenzen, die vor allem in schulischen Kontexten erforderlich sind? Kegler fasst die Erkenntnisse wie folgt zusammen:

> Von einem professionellen Pädagogen erwartet man pädagogische Reflexionsfähigkeit, Theoriewissen, biografische Kompetenz, Fallverstehen sowie soziale und emotionale Intelligenz. Handlungsfähig werden Pädagogen nur durch ein reiches methodisches Repertoire und ihre soziale und emotionale Integrationsfähigkeit. Als Kernkompetenzen bei LehrerInnen werden Selbstvertrauen, Kreativität, metakognitive Kompetenz, die Fähigkeit zur Interaktion und ihr Wissen zur Gestaltung der Lernumgebung angesehen, so Matti Meri auf dem Ganztagsschulkongress der »Deutschen Kinder- und Jugendstiftung« (DKJS) im September 2005. (Kegler 2009, 158)

Durch »Selbstvergewisserung über das eigene Handeln« (Posch 2003, 42) soll bloßer »Aktionismus« vermieden werden. Refle-

xion nimmt ihren Ausgangspunkt beim Betrachter und wendet sich wiederum auf diesen zurück.
Prozesse der Reflexion sind Ausgangspunkt für fachliches pädagogisches Handeln. Reflexive Prozesse beziehen sich auf Schule, Unterricht, Lernen und Entwicklung. Ebenso kommt der »Selbstreflexion« eine große Bedeutung zu (vgl. auch Hierdeis 2009/2010).

Pädagogik ist

> in erster Linie Beziehung und dann erst Handlung ... pädagogische Beziehungen, in denen es um die Befähigung zur Selbstbildung geht ... sind nur fruchtbar, wenn der Pädagoge ... mit dem Blick auf den Anderen sich selbst im Blick behält, im Wissen darüber, dass beide Beziehungspartner ihre »Dunkelstellen« haben. (Hierdeis 2009, 9)

Mit Martin Gerspach formuliert Hierdeis die »Anforderungen an pädagogische Fachkräfte« wie folgt:
Die PädagogInnen sollen
- anderen zuhören und sich in sie hineinversetzen können sowie aus der Auswertung ihrer eigenen Alltagserfahrungen Verstehensansätze entwickeln;
- die eigenen Emotionen im beruflichen Kontext verstehen und als Reflexionsansätze nutzen;
- ihre Emotionen und Eindrücke im Austausch mit anderen sinnvoll einbringen können, damit sie ›Motor‹ eines ›förderlichen Dialogs‹ sind;
- über eine institutionelle Reflexivität verfügen, mit deren Hilfe sie in angemessener ›Abstinenz‹ jene vertiefte Beziehungsreflexivität fruchtbar machen können, ohne doch die Grenzen ihrer professionellen Rolle zu verletzen (vgl. Hierdeis 2009, 9; Gerspach 1998, 27).

Mit Verweis auf Wilhelm Topsch ist für Hierdeis »die unverzichtbare Fähigkeit zur Selbstwahrnehmung, Selbstkontrolle und Selbstreflexion« (Hierdeis 2010, 189) »notwendige Ergänzung der allgemeindidaktischen, fachdidaktischen und fachwissenschaftlichen Reflexionen« (ebd.).

Schule bzw. Unterricht als komplexes Geschehen muss sich als sozialer Raum der Bildungs-, Lern-, und Entwicklungsmöglichkeiten darstellen. Aufgrund der aktuell anzustrebenden inklusiven Kontexte ist ein Verständnis notwendig, das niemanden ausschließt und sowohl der Individualität jedes Einzelnen als auch den Bedürfnissen der gesamten Gruppe Rechnung tragen kann.

Es bedarf der Schaffung einer
- Kultur des Eingebundenseins in Stadt, Gemeinde, Sozialraum;
- inklusiven Schulkultur;
- Lernkultur, d. h., einer Kultur des gemeinsamen und individuellen Lernens;
- Kultur des gemeinsamen Lebens über den Unterricht bzw. das Lernen im engeren Sinne hinaus.

Diagnostische und didaktische Kompetenzen

Die Kompetenzen der Kinder und Jugendlichen zu erkennen und anzuerkennen stellt eine der größten Herausforderungen in pädagogischen Kontexten dar. Ziel der Ermittlung der Kompetenzen der Kinder und Jugendlichen (diagnostische Kompetenz) ist es, individualisierte Angebote für Lernen und Entwicklung bereitstellen zu können bzw. ein Verständnis für die Situation, das Verhalten und Handeln der Kinder und Jugendlichen zu entwickeln.

Ebenso relevant sind Kompetenzen, die sich auf didaktische, fachdidaktische und pädagogische Prozesse beziehen (didaktische Kompetenzen).

Diagnostische Kompetenzen

Pädagogische Aufgabe ist es, Kinder und Jugendliche in ihrer Entwicklung zu unterstützen und zu begleiten. Dazu ist es notwendig, die »Zone der aktuellen Entwicklung« (Vygotskij) bzw. die Lernausgangslage zu erfassen. Diese bezieht sich auf alle Entwicklungsbereiche, wie z. b. auf Sprache, Kognition, Wahrnehmung, Motorik, soziales Verhalten ebenso wie auf die so genannten »Kulturtechniken« (Schriftsprache und Mathematik) und auf die sach- und fächerorientierten Bereiche. Für die zuletzt genannten, sind »Gegenstandanalysen« (vgl. Zimpel 2012) notwendig, die eine Orientierung bieten können. Für längst nicht alle Bereiche liegen Einschätzskalen oder Modelle vor. Erste Einschätzungen der Entwicklungsbereiche können z. B. mit Piagets »Stufenmodell« kognitiver Entwicklung; mit dem Modell der »dominierenden Tätigkeit« (Leontjew) bzw. dem Entwicklungsmodell Vygotskijs getroffen werden. Darüber hinaus liegen für den Schriftspracherwerb und den Erwerb mathematischer Vorstellungen verschiedene Modelle der Einschätzung vor. Über genaue Beobachtungen und Befragungen (ggf. Tests) soll die »Zone der aktuellen Entwicklung« ermittelt werden. Die sach- und fächerorientierten Bereiche, wie z. B. naturwissenschaftliche Themen, werden fähigkeitsorientiert beurteilt. Die entscheidende Frage dabei ist, welche Fähigkeiten, welches Wissen und Können die Kinder und Jugendlichen bereits einbringen können bzw. welche Erfahrungen Kinder und Jugendliche mit dem Thema verknüpfen.

Eine umfassendere Diagnostik zur Ermittlung des Gesamtbildes des Kindes/Jugendlichen stellt die so genannte »rehistorisierende Diagnostik« (vgl. Jantzen/Lanwer-Koppelin 1996) dar. Die Analyse, das Erkennen und Anerkennen von Kompetenzen unterschiedlicher Art steht hierbei in mehrfacher Hinsicht im Zentrum. Ausgangsbasis ist die Auffassung, dass alle Menschen in jeder Situation mit ihrem Verhalten, Denken und Handeln kompetent sind. So erscheinen z. B. »geistig Behinderte« als Personen, die »unter ihren Bedingungen effizient lernende, logisch denkende und kompetent handelnde Menschen« (Feuser 2000, S. 162) sind, wenn bedacht wird, dass für sie »gesellschaftliche Ächtung, sozialer Ausschluss, bildungsmäßiger Reduktionismus und Anwendung von als Therapie kaschierter Gewalt« (ebd.) als »soziale Realität« (ebd.) existiert. Eine Diagnostik, die im Sinne des Betroffenen angelegt ist, endet nicht in einem Kompetenzbeschreibungskatalog, so wie dies in förderdiagnostischen Zusammenhängen zumeist der Fall ist. Die lebensgeschichtlichen Aspekte spielen dabei ebenso wie die Syndromanalyse und die Analyse der gegenwärtigen Lebenssituation eine gewichtige Rolle.

Mehrere Aspekte, vor allem deren Verhältnisse zueinander, sind dabei zu berücksichtigen. Die im Folgenden dargestellten Kategorien A–F gelten als Orientierungshilfe und sind nicht isoliert voneinander zu betrachten. Ziel ist es, den Gesamtzusammenhang herauszuarbeiten. Folgende Fragen können dabei unterstützend sein:
- Welche Kategorien stehen miteinander in Beziehung?
- Was gilt als »Kern der Problematik« (vgl. auch Ziemen 2003, 38 ff.)?

Mögliche zu berücksichtigende Aspekte dabei sind:
A) Persönlichkeitsentwicklung unter den Bedingungen von Benachteiligung (Isolation) – Status und Historizität
- sich entwickelnde bzw. entwickelte Syndrome, Syndromanalyse
- soziale bzw. gesellschaftliche Benachteiligung
- benachteiligende Bedingungen und deren Wirkungen (altersspezifisch, positionsspezifisch)

B) Struktur der Handlungen/Tätigkeiten in Abhängigkeit von sozialen Feldern
- Analyse des Entwicklungsstatus der verschiedenen Tätigkeiten
- Motive der Tätigkeit, Interessen, Bedürfnisse
- Handlungs- und Tätigkeitsregulation – Abhängigkeit von Alter und Situation (z. B. bei Dauerbelastung, Frustration)
- Bewältigungs- bzw. Kompensationstechniken, Selbstkonzepte, Entwicklung von Handlungszielen nach Bedürfnissen bzw. Anforderungen
- Bereitschaft, tätig zu sein (z. B. zu lernen), bisherige Erfolge/Entwicklungen in spezifischen Tätigkeiten
- Verhalten in Abhängigkeit von Situation, Belastung, Bezugspersonen

C) Dialog, Kommunikation, Kooperation in sozialen Feldern
- soziale Felder, Stellung/Position in diesen
- Bezugspersonen
- Möglichkeiten von Dialog, Kommunikation, Kooperation in sozialen Feldern

D) Lebensgeschichte und unmittelbare Lebenswelt des Betroffenen
- Anamnese, kritische Lebensereignisse, »ökologische Übergänge«
- gegenwärtige Lebenssituation
- dominantes soziales Feld, in dem der Betroffene lebt
- wichtige Ereignisse im Leben des Betroffenen, Verluste

E) Kompetenzen des Betroffenen
- Körperselbstbild, Ich-Kompetenzen
- Sachkompetenzen
- soziale Kompetenzen
- Anwendungsbereiche der Kompetenzen

- autonome Handlungen, Verantwortungsbereiche
- Kommunikationsmöglichkeiten (auch nonverbale)
- Möglichkeiten, sich selbst zu vergegenständlichen (z. B. Schrift, Zeichnung, Pantomime)
- Spannungsfeld von eigens zugemessenen Bedeutungen für Verhaltensweisen/Handlungen und dem Blickpunkt der Bezugspersonen

F) Blickpunkt/Beobachterstandpunkt des Diagnostikers
- Ziel des Diagnostizierens
- Beziehung bzw. Bindung zu Betroffenen
- mögliche Erwartungen an Betroffene
- Kontaktaufnahme/Interaktion zum Betroffenen
- Erscheinungsweise des Betroffenen
- Ereignisse oder Personen, die den Diagnostiker in seinem Meinungsbild beeinflussen
- Vorkenntnisse; Verständnis, bezogen auf die diagnostische Situation, bezogen auf die Rekonstruktion des Erscheinungsbildes des Betroffenen
- Menschenbild des Diagnostikers
- Analyse der eigenen Lebensgeschichte und Lebenswelt

Aus dem Kern der Problematik können entsprechende pädagogisch-didaktische Ideen abgeleitet werden. Diese entsprechen den Denk-, Handlungs- und Wahrnehmungsmöglichkeiten der Betroffenen, aber auch den Möglichkeiten des sozialen Raumes. Angezielt wird vor allem eine Gesamtbetrachtung des Kindes oder Jugendlichen und der Lern- und Entwicklungsmöglichkeiten. Zugleich gilt es, Verständnis für die Situation der Kinder bzw. Jugendlichen zu entwickeln und Erklärungen für Verhalten und Handeln zu suchen.

Beispiel Akin

In einem Projekt zur Unterstützung von Jugendlichen, die unter den Bedingungen von »schwersten Behinderungen« leben, lerne ich Akin im Mai 2003 kennen. Ziel des Projektes ist es, den Übergang von der Schule in den Beruf zu begleiten. Mit Unterstützung der Projektleiterin (und dem Projektteam) können die Beobachtungs- und Analyseergebnisse (»rehistorisierende Diagnostik«) wie folgt zusammengefasst werden.

Akin ist zum Zeitpunkt des Kennenlernens 17 Jahre alt. Er hat gerade die (integrative) Hauptschule abgeschlossen und wird während der Ferien fast täglich von zwei MitarbeiterInnen des Projektteams individuell betreut.

Akin, ältester Sohn einer türkischen Familie (danach kommt der 11-jährige Bruder und die 8-jährige Schwester) lebt bereits seit mehreren Jahren in einer kleinen Gemeinde in Österreich. Er verbrachte das erste Lebensjahr in der Türkei ohne die Eltern bei den Großeltern. Die Gründe dafür sind nicht bekannt. In der ersten Lebenswoche ist er unauffällig, zeigt dann epileptische Anfälle, wird medikamentös eingestellt und kommt schließlich nach Österreich zurück. Mit zwei Jahren beginnt Akin zu lautieren, kann sich aufrichten und stehend halten.

Er kommt mit sechs Jahren in die Volksschule, später regelgerecht in die Hauptschule. Der Übergang von der Volks- zur Hauptschule ist mit allergrößten Umstellungsschwierigkeiten verbunden. Aus den Einschätzungen und Gutachten ist nichts Genaueres dazu entnehmbar.

Zum Zeitpunkt unseres Kennenlernens verwendet er die Lautsprache nicht und kann sich nicht allein aufrichten bzw. stehen. Nicht dokumentiert ist, ab wann die ursprünglichen Kompetenzen, die er mit zwei Jahren zeigte, nicht mehr beobachtet wurden. Auch aus Befragungen von Lehrpersonen und Eltern sind keine genaueren Angaben zu entnehmen.

Seit mehreren Jahren wird die Familiensituation als angespannt beschrieben. Die Familie ist häufig umgezogen. Ein Jahr, bevor ich Akin kennenlerne, hatten der Bruder und der Vater einen Autounfall, bei dem beide schwer verletzt worden sind (Akin war nicht im Auto).

Zur »Entlastung« der Familie war Akin sehr häufig im Krankenhaus. Dabei wurde ebenso häufig die Medikation verändert, um die Selbstverletzungen zu reduzieren. Aus einem ärztlichen Gutachten ergibt sich, dass »die Originalkrankengeschichte des jungen Mannes (...) leider noch nicht aufgetaucht (ist, d.V.)«. Diagnostiziert wird ein »ausgeprägter psycho-mental-motorischer Entwicklungsrückstand bei Mikrocephalie im Grenzbereich ...« (aus dem Gutachten). Von einer »Spastik mit diplegischer Verteilung« und »Fehlstellungen im Fußbereich« ist ebenfalls zu lesen.

Akin sitzt im Rollstuhl mit Fixierung des Oberkörpers und der beiden Knöchel. Zu Hause verbringt er die meiste Zeit in einem Bett, wobei die angebrachten Gitter vor einem möglichen Herausfallen schützen sollen. Im Projekt bekommt er zusätzlich zum pädagogischen Angebot Physio- und Ergotherapie.

Im Laufe der Zeit hat er gelernt, mit einer zweiten Person auf einem selbstgefertigten Holzsitz zu sitzen, wenn sich vor ihm ein Arbeitstisch befindet und hinter ihm eine Person, die ihn stützt. Allein kann er ohne Unterstützung nicht sitzen.

Akin verletzt sich selbst, indem er die Daumenkuppe und den Nagel gegen die Frontzähne schlägt bzw. die Fingerknöchel gegen den Kopf und besonders häufig gegen die Ohren (beidseitig, obwohl rechts etwas häufiger zu beobachten ist). Zum Schutz seines Kopfes trägt er einen Helm.

Akin zeigt Stereotypien wie beispielsweise Gegenstände greifen und schlagen oder schütteln. Dazu kann er beide Hände benutzen. Es scheint keine Präferenz zu geben.

Nach einiger Zeit im Projekt ist er in der Lage, Gegenstände zu greifen und wegzuwerfen. Seine Hände gegeneinander zu schlagen, macht ihm gelegentlich Freude.

Akin verwendet Lautsprache nicht. Rhythmisches Artikulieren, Gurren oder Zungenschnalzen ist in verschiedenen Situationen zu hören. Nach dem individuellen Entwicklungsplan soll er fünf vereinbarte Gebärden verwenden, was jedoch meist nur mit größter Hilfe (Handführung) geschieht. Bilder von Personen und Tätigkeiten werden Akin zur Orientierung angeboten. Diese befinden sich an einer für ihn gut erreichbaren und sichtbaren Tafel.

Das psychologische Gutachten ergibt, dass Tests zur Ermittlung von Akins Intelligenz bzw. zur Diagnostizierung von Fertigkeiten nicht möglich sind. Jedoch geht der Psychologe zugleich von einer »wachen Intelligenz, verbunden mit Einschränkungen« (aus dem Gutachten) aus.

Akins psychische Verfassung ist nicht stabil, oftmals zeigt er sich depressiv und »in sich gekehrt«. Dann sind die im Projekt geforderten Aktivitäten kaum mit ihm zu realisieren.

Laut psychologischem Gutachten »verhält (er, d.V.) sich großteils wie ein Mensch mit starken autistischen Zügen« (aus dem Gutachten).

Nach einiger Zeit im Projekt können folgende Bedürfnisse und Interessen beobachtet werden:
- Bücher und Bilder anschauen,
- einer brennenden Kerze Aufmerksamkeit widmen und dieser nachschauen,
- Fahrzeuge beobachten,
- rollenden und runden Gegenständen nachschauen,
- Musik hören,
- Geräte ein- und ausschalten, z. B. den Lichtschalter oder Mixer betätigen.

Die während der Ferienzeit angebotenen Tätigkeiten/Handlungen zielen darauf ab, im Sinne der diagnostischen Betrachtung ein Fähigkeits- und Kompetenzprofil von Akin zu erstellen. Es werden Angebote unterbreitet, die möglicherweise vorbereitend für die Orientierung auf ein Arbeitsfeld sind.

Spontane selbstständige Handlungen beziehen sich vordergründig darauf, sich selbst zu schlagen. Gegenstände kann er greifen und loslassen bzw. werfen. Die Idee ist zunächst, serielle Tätigkeiten/Handlungen anzubahnen, wie z. B. Gegenstände zu legen, zu stecken und in Behälter zu füllen und wieder herauszunehmen. Diese Tätigkeiten/Handlungen werden mit Akin in der 2:1-Begleitung realisiert. Dabei orientiert man sich an der »Substituierend Dialogisch-Kooperativen Handlungstherapie (SDKHT)« (Feuser 2002b, 349ff.), die darauf zielt, »auf der Basis des Wiedergewinnens oder des Aufbaus eines Dialogs mit einer Person in einen kooperativen Handlungszusammenhang zu kommen« (ebd.). Es ist »eine Möglichkeit, dort, wo der Dialog – durch welche Ereignisse auch immer – bis an die Grenze der Lebensfähigkeit eines Menschen zusammengebrochen ist, ihn wieder aufzubauen, mit den Betroffenen eine Lebensperspektive zu finden und einen neuen Lebensplan aufzubauen« (ebd., 374). Genau das ist auch Ziel des Projektes, dialogische und kommunikative Situationen anzubahnen und mit den Betroffenen eine Perspektive zu entwickeln. Da Akin die Schule beendet hat, soll eine Orientierung auf ein mögliches Arbeitsfeld erfolgen. Es muss zunächst herausgefunden werden, welche Tätigkeiten/Handlungen ihn interessieren und welche er ausführen kann. Er erlernt unterschiedliche Tätigkeiten (wie oben beschrieben). Das Repertoire kann stets erweitert werden. Akin zeigt sich ersichtlich motiviert, sobald ihm neue Tätigkeiten (bspw. Tennisbälle in einen Behälter füllen) angeboten werden. Ziel ist auch, ihm die Entscheidung für die Auswahl einer Tätigkeit/Handlung zu ermöglichen. Da alle Tätigkeiten im Bild festgehalten und auf einer Tafel vor ihm befestigt sind, lernt er über das direkte Zeigen auf eine Tätigkeit/Handlung, diese auszuwählen.

Alle Tätigkeiten/Handlungen werden mit Unterstützung, z. B. sprachliche Begleitung, z. T. auch Handführung ausgeführt. In den Wartezeiten (zwischen den Arbeitssequenzen) zeigt Akin zunächst des Öfteren selbstverletzende Verhaltensweisen, obwohl diese durch die 2:1-Begleitung und den Aufbau der Tätigkeiten/Handlungen deutlich reduziert werden können. Zunehmend benötigt er bei der Ausführung der Tätigkeit/Handlung keinen Helm mehr.

Neben den arbeitsvorbereitenden Tätigkeiten/Handlungen wird die Auswahl im Hinblick auf selbstständige Lebensführung erweitert. So lernt Akin z. B. Obst zu schneiden, Obstbrei oder Obstsalat und Getränke zuzubereiten. Dazu werden z. B. Orangen gepresst, Bananen püriert oder Zitronentee aus Granulat hergestellt. Das geschieht jeweils in Kooperation mit den MitarbeiterInnen. Besonderes Interesse zeigt er bei der Bedienung von Haushaltsgeräten, bspw. dem Mixer oder der elektrischen Orangenpresse.

Da ihm bis dahin die Tätigkeiten/Handlungen vorwiegend isoliert angeboten wurden, soll er nun vor allem bei alltagspraktischen Angeboten die Gesamtsituation kennenlernen, bspw. beim Zubereiten des Frühstücks die Abläufe (Geschirr und Nahrungsmittel holen, zubereiten, essen, spülen, wegräumen). Anfangs stellt dies eine große Herausforderung dar und kostet viel Zeit, da jede einzelne Handlung erlernt werden muss.

Auch die anderen Tätigkeiten/Handlungen werden zunehmend im Gesamtzusammenhang angeboten, d. h. Akin lernt alle zu einer Arbeitstätigkeit erforderlichen Verrichtungen zunehmend nacheinander auszuführen.

Die »rehistorisierende« Analyse ergibt in der Gesamtbetrachtung gravierende isolierende Bedingungen im Leben von Akin, die sich nicht nur in fehlenden Handlungs- und Tätigkeitsmöglichkeiten bzw. der eingeschränkten Mobilität zeigen, sondern vor allem in den fehlenden, für ihn adäquaten Möglichkeiten zu Dialog und Kommunikation.

Dialog bzw. Kommunikation sind als Grundbedürfnis menschlichen Lebens zu verstehen. Die »rehistorisierende Diagnostik« mit ihrer Prämisse, die Lebensgeschichte, Lebenswirklichkeit und die zukünftige Lebenssituation mit den Betroffenen zu rekonstruieren und zu konstruieren, setzt zwingend eine den Betroffenen adäquate Dialog- bzw. Kommunikationsmöglichkeit voraus.

Somit rückt als dominantes Ziel der Dialog-/Kommunikationsaufbau ins Zentrum der Betrachtungen. Zunächst geht es um bildhafte, später dann um symbolhafte Darstellungen. Kommunikation ermöglicht es u. a., Entscheidungen für sich zu treffen, Bedürfnisse zu äußern oder mit anderen in Kontakt zu treten. Zu beobachten ist, wie mit zunehmendem Dialog-/Kommunikations-, zugleich aber auch Tätigkeits- und Handlungsaufbau sich die Selbstverletzungen reduzieren.

Die »rehistorisierende Diagnostik« zielt darauf ab, den Reichtum der konkreten Lebensprozesse wahrzunehmen und auch innerhalb des diagnostischen Prozesses zu bewahren, d. h. die lebendige Wirklichkeit nicht in elementare Komponenten aufzuspalten (vgl. Lurija 1993, 10). Dabei werden die verschiedenen Ebenen des Menschseins (biologisch – psychisch – sozial) und ihre Verhältnisse zueinander ebenso berücksichtigt wie die Tatsache, dass es auf der Basis von isolierenden Lebensbedingungen zu einem veränderten Verhältnis zu sich selbst, zu anderen und auch zur dinglichen Welt gekommen ist. Mit dem Betroffenen gemeinsam ist die konkrete Lebenssituation zu rekonstruieren und sind mögliche Perspektiven zu entwickeln.

Ab September 2003 besucht Akin die Polytechnische Schule, dort die »Tischlergruppe«. Bei den vorbereitenden Angeboten für ein mögliches Arbeitsfeld können die bereits im Projekt ausgebildeten Tätigkeiten/Handlungen und Interessen von Akin berücksichtigt werden. So lernt er (mit Assistenz) mit einer vom Hausmeister umgearbeiteten Bohrmaschine zu arbeiten. Nächstes Ziel soll sein, die integrative/ inklusive Situation in der Gruppe stärker durch gemeinsame Tätigkeiten und Projekte zu unterstützen.

Akin wird zu Schulzeiten am Nachmittag im Freizeitbereich weiter durch das Projekt betreut, sodass die beschriebene Zielstellung weiter verfolgt werden kann.

Der Kernbereich des Projektes liegt in der Begleitung von Menschen, die unter den Bedingungen von »schwersten« Behinderungen leben. Die Erfahrung hat gezeigt, dass die Orientierung an der am schwierigsten erscheinenden Situation für alle am Projekt Beteiligten Lern- und Entwicklungschancen bieten kann.

Mit Blick auf Inklusion wird immer wieder neu geprüft, inwiefern die Angebote des Projektes dem standhalten können.

Beobachtbare Veränderungen der MitarbeiterInnen des Projektes

Zu Beginn des Projektes dominierten bei den MitarbeiterInnen Ängste, den Herausforderungen nicht gewachsen zu sein. Akins Verhalten erschien fremd und unerklärlich. Sie sahen hauptsächlich die Selbstverletzungen und all das, was er (noch) nicht konnte. Sie waren unsicher und fragten sich, wie sie ihm begegnen könnten.

Die genauere Betrachtung der Lebensgeschichte und die Auseinandersetzung mit Theorien (z. B. zu Isolation und Behinderung) führte den ProjektmitarbeiterInnen einerseits vor Augen, in welcher Situation Akin leben musste, erbrachte andererseits aber auch Erkenntnisse und Begründungen für sein Verhalten.

Die »Bilder« und Vorstellungen der MitarbeiterInnen veränderten sich mit der Zeit durch die Begegnung mit Akin. Allmählich konnte auch der Blick auf Akins Fähigkeiten und Kompetenzen gerichtet werden. Sie lernten, ihn als Partner zu sehen, mit dem sie gemeinsam Lebenszeit verbrachten und

Ziele verfolgten. Zunehmend traten andere Facetten seines Verhaltens in den Vordergrund, so z. B. sein kurzes Lächeln bei flüchtigem Blickkontakt, sein Jauchzen nach gelungener Handlungsausführung, sein Klatschen bei »Arbeitsende«, sein »fesselnder« Blick bei der Beobachtung von allem, was sich rollend bewegte usw. Das selbstverletzende Verhalten war nur noch *ein* Ausdruck von Akin neben vielen anderen beobachtbaren Handlungen und Verhaltensweisen.

Besonders herausfordernd war für die MitarbeiterInnen der Aufbau von Dialog und Kommunikation. Neben dem Austausch der täglichen Erfahrungen im Team wurde es erforderlich, sich zunächst theoretisch mit den Themen »Dialog« und »Kommunikation« bzw. »Unterstützte Kommunikation« auseinanderzusetzen.

So konnte Akin zunehmend ein ihm adäquates Angebot unterbreitet werden. Besonders interessierte er sich für Bilder, weniger für Gebärden. Dennoch wurden »körpereigene Zeichen« für »Ja« und »Nein«, für »Beginn« und »Ende« einer Tätigkeit/ Handlung beibehalten. Bald war es ihm nun möglich, Entscheidungen zu treffen und so z. B. zwischen den Tätigkeiten oder zwischen Getränken und Speisen zu wählen.

Auch der systematische Tätigkeits-/Handlungsaufbau und die Arbeitsweise nach der »Substituierend Dialogisch-Kooperativen Handlungstherapie (SDKHT)« (Feuser 2002b, 349 ff.) war für die ProjektmitarbeiterInnen neu. Dazu mussten sie sich fortbilden. ExpertInnen standen ihnen zunächst zur Seite.

Besonders notwendig war es, genau beobachten zu lernen, um daraus nächste Schritte bzw. Konsequenzen abzuleiten.

Anfänglich waren die Tätigkeits-/Handlungssequenzen mit Akin sehr kurz, z. B. zwei Minuten Arbeit, zwei Minuten Pause. Nach und nach wurden diese verlängert bzw. ganze Arbeitsabläufe daraus entwickelt.

Die MitarbeiterInnen beobachteten, wie begierig Akin auf neue Angebote reagierte. Bereits nach Ablauf von etwa neun Wochen wurden viele Tätigkeiten in Einzelbegleitung umgesetzt. Akin musste außerdem immer seltener seinen Helm tragen. Die Selbstverletzungen reduzierten sich immer mehr. Die Tätigkeiten wurden »gemeinsam geteilte«. Akin hatte gelernt, Entscheidungen über die Auswahl der Tätigkeiten zu treffen.

Notwendig war es darüber hinaus, in regelmäßigen Teambesprechungen über die Situation mit Akin zu reflektieren. Sehr häufig wurden die dialogischen Begegnungen und Kooperationen mit Akin videographisch aufgezeichnet und im Team, z. T. mit ExpertInnen, ausgewertet.

Darüber hinaus wurden mit der Familie bzw. der Schule. Kontakte auf- und ausgebaut. Die Verständigung mit den Eltern konnte über Akins Schwester, die deutsch spricht, verbessert werden. An einigen Nachmittagen nahm sich die Schwester Zeit, um Akin im Projekt bei verschiedenen Angeboten zu beobachten.

In der Gesamtbetrachtung zeigt sich, dass sich die MitarbeiterInnen in diesem Prozess selbst verändert haben. Sie haben wahrgenommen, wie sich ihre eigenen Vorstellungen und Bilder verändern. Der Aufbau von Dialog- und Kommunikationsmöglichkeiten, die Begegnung und Kooperation mit Akin haben ihnen neue Lern- und Entwicklungsmöglichkeiten geboten. Sie lernten, genau zu beobachten, Entwicklungen zu dokumentieren und Prozesse zu reflektieren, später auch zu evaluieren. Neue didaktische Kompetenzen wurden zugleich erworben. Die MitarbeiterInnen lernten, diese an neue ProjektmitarbeiterInnen weiterzugeben.

Didaktische Kompetenzen

Eine Didaktik, die vom Kind/Jugendlichen als per se kompetente Person ausgeht, wird konsequent deren Entwicklungsmöglichkeiten berücksichtigen. Neben der Ermittlung der Kompetenzen der Kinder und Jugendlichen werden auch die Kompetenzen der PädagogInnen bedeutsam.

Pädagogische bzw. didaktische Kompetenzen beziehen sich auf die Vorbereitung, Gestaltung und Evaluation der Unterrichtsprozesse. Der »soziale Raum der Möglichkeiten« für Lernen und Entwicklung wird maßgeblich bestimmt durch das Engagement, die Ideen, die Kreativität, das Menschenbild, die Haltung und das »kulturelle Kapital« (Bourdieu) der LehrerInnen und Teams.

Das Verhältnis von Lernen, Entwicklung und Unterricht tritt in den Vordergrund. LehrerInnen, die sich als LernbegleiterInnen verstehen, entwickeln Ideen zur Entwicklungsunterstützung aller Kinder und Jugendlichen.

Sie führen dialogische, kommunikative und kooperative Prozesse, gehen Beziehungen zu den SchülerInnen, TeammitarbeiterInnen und den Eltern/Bezugspersonen ein.

Kernelement des Unterrichts mit Blick auf Inklusion stellt die »innere Differenzierung« dar. Damit wird der Individualität jeder Schülerin, jedes Schülers entsprochen.

Die Lehrpersonen/Teams kennen verschiedene didaktische Modelle und Konzepte und können diese umsetzen. Sie verfügen über Planungs-, Handlungs-, Diagnostik-, Dialog- und Kommunikations-, Beurteilungs-, Beratungs-, Organisations- und Evaluationskompetenzen.

Unterricht mit Blick auf Inklusion muss oftmals auch Therapie und Pflege integrieren. Bislang stehen therapeutische, pflegerische und unterrichtliche Angebote vornehmlich getrennt voneinander. In den Unterricht zu integrierende Therapie bietet sowohl für die SchülerInnen als auch die Lehrpersonen/Teams Chancen. Auf der Seite der SchülerInnen minimieren sich die Exklusionsrisiken, auf der Seite der Lehrpersonen/Teams bietet sich die Möglichkeit, gemeinsam mit den TherapeutInnen

> den Kindern ... die Möglichkeiten einzuräumen, ihre Fähigkeiten zu entfalten, sich den Bedingungen der Umwelt ..., und gleichzeitig die Umwelt den spezifischen Bedürfnissen der Kinder anzupassen. (Lanwer 2010, 181)

Das »bedeutet, dass sich diese Therapie nicht im Schonraum eines Therapiezimmers, sondern im Alltag der Kinder ereignet« (ebd.).

> »Dem betroffenen Kind oder Jugendlichen wird es ermöglicht, durch die gewährten therapeutisch-pädagogischen Hilfen zu Erkenntnissen zu gelangen, die einhergehen mit einer komplexeren Realitätskontrolle im Sinne der Emanzipation und Identitätsbildung« (ebd. 194).

Die Lehrpersonen und Teams stehen des Weiteren vor der Herausforderung, den Unterricht auch unter Berücksichtigung fachdidaktischer Aspekte zu realisieren. Die Fachdidaktiken sehen sich mit Blick auf Inklusion gegenwärtig immer mehr gefordert. Ziel wird es sein, die Konzepte und Ideen der bislang ausgearbeiteten didaktischen Ansätze (z. B. der »integrativen/inklusiven« Didaktik, der Fachdidaktiken) zu verknüpfen. Derzeit müssen dies die Lehrpersonen und Teams an den Schulen selbst leisten.

Lehrpersonen/Teams stehen vor der Aufgabe, den pädagogischen Prozess zu analysieren und zu reflektieren.

Im deutschsprachigen Raum gibt es eine Vielfalt didaktischer Modelle und Konzepte. Eine genaue Analyse all derer, die auf die Teilhabe- und Teilnahmechancen aller Kinder und Jugendlicher ausgerichtet sind, liegt bislang nicht vor. Einige didaktische Konzepte und Ideen sollen hier vorgestellt werden, die mit Blick auf Inklusion relevant sind.

1. *Das Partizipationsmodell für Inklusion von Beukelman und Mirenda (vgl.Bollmeyer/Hüning-Meyer 2012, 08.018.022ff.)*
Vier Komponenten der Inklusion bestimmen dieses Modell. Es sind: »Teilhabe durch Bildung und Erziehung, soziale Teilhabe, individuelle Unterstützung und (physische) Integration« (vgl. ebd.). Diese Komponenten dienen der Analyse, aber auch der Planung des Prozesses.

Beukelman und Mirenda empfehlen Differenzierungen der Ziele und Inhalte, beispielsweise sei zu bestimmen,
- was alle SchülerInnen lernen sollen: z. B. Gesteine unterscheiden sich,
- was die meisten SchülerInnen lernen sollen: z. B. den Kreislauf von Gesteinsbildung und Erosion zu erkennen,
- was einige SchülerInnen lernen sollen: z. B. den Unterschied zwischen Gesteinen, Kristallen und Mineralien herausarbeiten (vgl. ebd.).

Innere Differenzierung gilt als Kernkriterium für »inklusiven Unterricht«. Beukelman und Mirenda verweisen auf Differenzierungen und Adaptionen nach:
- Size: Umfang und Anzahl der Aufgaben anpassen,
- Time: zur Verfügung stehende Zeit anpassen,
- Level of support: personelle oder technische Unterstützung,
- Input: Art der Instruktionen anpassen,
- Output: Art und Weise, wie SchülerInnen ihr Wissen präsentieren sollen,
- Difficulty: Schwierigkeitsgrad anpassen,
- Participation: Art und Weise, wie die SchülerInnen in eine Aktivität einbezogen werden (vgl. ebd.).

2. Das Keimzellmodell oder die Arbeit mit Ausgangsabstraktionen

Im Kontext »kultur-historischen« Denkens sind verschiedene Projekte und Konzepte erarbeitet worden, die die Gesamtzusammenhänge von Themenfeldern und deren Erarbeitung auf der Basis lebensweltlicher und biographischer Aspekte der SchülerInnen in das Zentrum der didaktischen Arbeit rücken.

In New York/East Harlem wurde von Hedegaard und Chaiklin eine Projektstudie mit 15 Grundschulkindern puertorikanischer Herkunft zum »Radikal-Lokalem Lehren und Lernen« (vgl. Bielefeld 2012, 62 ff.) durchgeführt. Ziel der Studie mit 15 Grundschulkindern war es, »an die Lebenswelt (der Kinder, d.V.) anzuknüpfen und im besonderen Maße ihren kulturellen sowie historischen Hintergrund zu berücksichtigen« (vgl. ebd., 63). Unterrichtsinhalt war das Thema Puerto Rico und die Migration nach New York sowie das Leben in der puertoricanischen Gemeinde im Stadtteil East Harlem.

Mit der theoretischen Fundierung des Unterrichtskonzeptes nach der »Kulturhistorischen Schule« (Vygotskij) wird davon ausgegangen, dass der Aufbau wissenschaftlicher Begriffe und Begriffssysteme Aufgabe der Schule ist und durch den Aufbau und das Operieren mit wissenschaftlichen Begriffssystemen abstraktes Denken möglich wird. So genannte »Keimzellmodelle« sollen für die Kinder Ordnungsgrundlage sein und Verständnis für Begriffsbeziehungen entwickeln. Diese »Keimzellmodelle« sind elementare Relationen eines Gegenstandes und stellen eine Ausgangsabstraktion dar, wobei sich diese Modelle während des Prozesses verändern, ggf. präzisieren können.

Ein Beispiel für das erste »Keimzellmodell« zur Planung und Durchführung der Lehr- und Lerntätigkeit war die Beziehung zwischen »Community – Living Conditions – Family – Resources« (vgl. ebd., 94) als Basis für die Entwicklung eines Verständnisses der Relationen zwischen diesen.

Im Verlauf des Unterrichts entwickelten die Kinder eigene Modelle. Erst hatten sie Schwierigkeiten, den Zusammenhang von Lebensbedingungen und Familie zu erkennen, später ergaben Klassen- und Gruppendiskussionen jedoch wachsende Erkenntnis.

> Durch das Erarbeiten der begrifflichen Relationen (haben die Kinder, d.V.) zunächst das Wesen des zu untersuchenden Problemgebiets erfasst und sind ... vom Abstrakten zum Konkreten des Problems übergegangen. (ebd., 108)
> Radikal – lokales Lehren und Lernen (erfordert, d.V.) von der Lehrperson einerseits ein theoretisches Verständnis von Unterrichtsstoffkonzepten und andererseits ein kulturhistorisches Verständnis von den kindlichen Lebensbedingungen. (ebd.)

Anzumerken ist, dass sich trianguläre Darstellungen von Ausgangsabstraktionen, »hervorragend eignen, um Relationen zu untersuchen und sich entwickelnde Prozesse und ggf. Widersprüche herauszuarbeiten« (vgl. Jantzen 2012, 404). Am Beispiel eines Forschungsprojektes zur »Literalisierung indianischer Völker« (ebd.) zeigt Wolfgang Jantzen (ebd.) dies ausführlich auf. Er arbeitet dabei z. B. mit folgender Triangulation:

Ökologische Umwelt (Wasser) – Fische (Nahrungsmittel) – Gemeinde/Dorf.

Anfangs wird eine Idee modellhaft entwickelt, die erst am Ende der Bearbeitung gesichert werden kann. Wolfgang Jantzen konstatiert:

> Der Grundgedanke, dass Kulturhistorische Didaktik sich jeweils auf die soziale Lebenssituation zurück beziehen muss, ist von höchster Bedeutung. (ebd., 411)

Die Arbeit mit Ausgangsabstraktionen bietet die Möglichkeit, Beziehungen zu erkennen und Gesamtzusammenhänge zu verstehen.

Auch eine im Rahmen einer Dissertation (vgl. Wünsch 2008) ausgearbeitete Unterrichtseinheit für den Biologieunterricht der 6. Klasse (für SchülerInnen mit dem Förderschwerpunkt Lernen) zum Thema der »Wechselbeziehungen zwischen den Lebewesen in einem Lebensraum« (Umfang: 18 Unterrichtsstunden) zeigt deutlich, dass über die Arbeit mit Ausgangsabstraktionen »Denken provoziert« (vgl. Wünsch 2008) werden kann.

Nach der Evaluation des Projektes kann konstatiert werden, dass die SchülerInnen deutliche Veränderungen im deklarativen Wissen aufwiesen und auch anwendungsbezogene Schlussfolgerungsaufgaben besser bewältigen können (vgl. ebd.).

3. *Die Entwicklungslogische Didaktik*
Georg Feuser entwickelte bereits in den späten 1980er-Jahren die »entwicklungslogische Didaktik« (1995, 2001). Er forderte, dass

> (Regel-)Kindergärten und (Regel-)Schulen für alle so gestaltet werden, dass jedes Kind/jede/r SchülerIn ohne sozialen Ausschluss und ohne persönliche Etikettierung als ›defekt‹, ›abweichend‹ oder behindert seinen/ihren individuellen Voraussetzungen gemäß umfassend gefördert und unterrichtet wird. (Feuser 2001, 26)

Darüber hinaus sollen

> alle Kinder und SchülerInnen (ohne Ausschluss behinderter Kinder und Jugendlicher wegen Art und/oder Schweregrad einer vorliegenden Behinderung); in Kooperation miteinander;

auf ihrem jeweiligen Entwicklungsniveau; nach Maßgabe ihrer momentanen Wahrnehmungs-, Denk-, und Handlungskompetenzen; an und mit einem ›gemeinsamen Gegenstand‹ spielen, lernen und arbeiten. (ebd., 27)

Georg Feuser begründet eine »allgemeine (basale und kindzentrierte) Pädagogik« (ebd.), die

keinen Menschen von der Aneignung der für alle Menschen in gleicher Weise bedeutenden gesamten gesellschaftlichen Erfahrung ausschließt, was lern- und unterrichtsorganisatorisch bedeutet: ›Gewähren‹ anstatt ›vorenthalten‹, ›Handeln‹ anstatt ›behandeln‹ und pädagogisches Handeln ›spezialisieren‹ (›differenzieren‹ durch entwicklungslogisch-biographisch orientiertes Individualisieren) anstatt Kinder/SchülerInnen ›segregieren‹. (ebd.).

Bis heute hat diese Pädagogik und Didaktik nichts an Aktualität eingebüßt.

Bei der Ausarbeitung einer »reflexiven Didaktik« (vgl. Ziemen 2008) kam der »entwicklungslogischen Didaktik« (vgl. Feuser 1995) ein zentraler Stellenwert zu. Sie war die Basis.

4. *Reflexive Didaktik*
Reflectere (lat.) im Sinne von Rückwendung meint, »das in die wissenschaftlichen (hier didaktischen, D.V.) Werkzeuge und Operationen eingegangene soziale und intellektuelle Unbewusste« (Waquant 1996, 63) bewusst zu machen.

Pädagogisches Handeln setzt Reflexion voraus. Für die Didaktik gilt dies in besonderem Maße. Sie ist keine Technik und auch kein festgelegtes »Rezept«.

Didaktik mit Blick auf Inklusion muss in die Analyse und Reflexion stets Teilhabe- und Teilnahmechancen an Bildung und an sozialen Prozessen, zugleich auch Exklusionspraktiken und Exklusionsrisiken für Bildung und soziale Kontexte aufnehmen.

Entsprechend dem Modell der »entwicklungslogischen Didaktik« (Feuser 1995/2011) nimmt die »reflexive Didaktik« die durch Georg Feuser bestimmten drei Ebenen auf, so die
- Sachstruktur,
- Tätigkeitsstruktur,
- Handlungsstruktur.

Die reflexive Didaktik bezieht sich auf:
- die SchülerInnen (entspricht der Tätigkeits- und Handlungsstrukturanalyse nach Feuser),
- den Lerngegenstand (entspricht der Sachstrukturanalyse nach Feuser),
- die Institution Schule und die politischen, rechtlichen, sozialen und gesellschaftlichen Rahmenbedingungen.

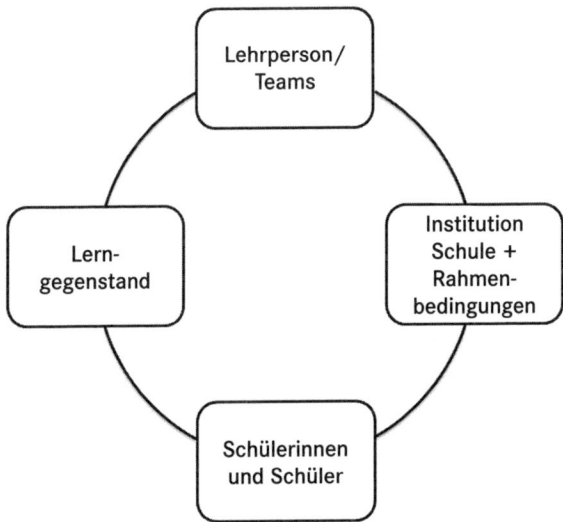

Abbildung 5: Ebenen der reflexiven Didaktik

Darüber hinaus bezieht sie die Selbstreflexion der Lehrpersonen/Teams ein.

Die Reflexionsebenen stehen nicht isoliert voneinander, sondern in Beziehung und stellen sich wie folgt dar:

Ebene 1, die Ebene der SchülerInnen (Subjektseite), berücksichtigt:
- Vorwissen, Erfahrungen, Emotionen und Wahrnehmungen (»Zone der vergangenen Entwicklung«, d.V.);
- Motive, Interessen, Bedürfnisse; Denk-, Wahrnehmungs- und Handlungskompetenzen (»Zone der aktuellen Entwicklung«, Vygotskij);
- Handlungs- und Tätigkeitsmöglichkeiten (»Zone der aktuellen Entwicklung«, Vygotskij);
- die soziale und persönliche Situation (»Zone der aktuellen Entwicklung«, Vygotskij);
- die Beziehung von Lehrpersonen/Teams zu den SchülerInnen und die Beziehungen der SchülerInnen untereinander.

Explizit werden Teilnahme- und Teilhabemöglichkeiten an konkreten Bildungsangeboten ausgemacht, zugleich Barrieren bzw. Störungen der Teilhabe und Teilnahme.

Darüber hinaus werden Teilnahme- und Teilhabemöglichkeiten bzw. Barrieren und Störungen in sozialen Kontexten analysiert und reflektiert.

Auf dieser Basis entstehen (pädagogische) Ideen für die Gestaltung des individuellen und gemeinschaftlichen Möglichkeitsraumes für Lernen und Entwicklung *aller* SchülerInnen.

Ebene 2, die Ebene der Sache/des Lerngegenstandes (Objektseite) berücksichtigt:
- die Komplexität und das Wesen (Invariante) der Lerninhalte;
- die tragenden Begriffe und Zusammenhänge (Ausgangsabstraktionen);

- die gesellschaftliche, politische, soziale Bedeutung und Aktualität der Lerninhalte;
- die Präsenz in verschiedenen Wissenschaften bzw. Fächern;
- die Relevanz in Curricula;
- den Zugang, das Vorwissen und den Bedeutungsgehalt des Gegenstandes für die SchülerInnen.

Mit Blick auf die Teilhabe und Teilnahme aller SchülerInnen an allen Bildungs- und sozialen Angeboten sind Differenzierungen des Lerngegenstandes vorzunehmen und didaktische Konzepte und Modelle auszuwählen.

Beispiel »Beurteilung und Bewertung«: Hier müssen sowohl Ebene 1 als auch 2 reflektiert werden. André Zimpel schreibt:

> Schulnoten ... sind umstritten, da sie Objektivität nur vortäuschen ... über Bildungskarrieren und ... Zukunftschancen entscheiden. (Zimpel 2012, 185)

Eine »Alternative zu Zensuren sind so genannte Kompetenzraster« (ebd., 186). In der Regel sind sie als Matrix dargestellt,

> mit der in der Senkrechten die (Teil-)Lernbereiche eines Faches und in der Waagerechten in aufsteigender Linie – meist in sechs Stufen – die Kompetenzlevels aufgeführt werden. (ebd.)

»Das tabellarische Raster steckt Entwicklungsziele ab, die i. d. R. in Form von »Ich kann-Sätzen« aufgelistet sind« (ebd.): *Ich kann allein; Ich kann mit Hilfe* usw. Wenn im inklusiven Kontext alle SchülerInnen berücksichtigt werden sollen, sind die Kompetenzbereiche beispielsweise nicht nur an den Curricula auszurichten, sondern haben den Gesamtbereich des Faches zu berücksichtigen, z. B. in der Mathematik neben dem numeri-

schen auch den pränumerischen Bereich; beim Schriftspracherwerb den »erweiterten Lesebegriff« oder die Berücksichtigung der so genannten »Vorläuferkompetenzen«.
Derzeit werden Kompetenzraster von interessierten und engagierten Lehrpersonen/Teams an Schulen individuell selbst erstellt. Zukünftig besteht die Herausforderung darin, entsprechend der Fachlogik und Systematik Kompetenzbereiche auszuweisen und dies in aller Differenziertheit.

Ebene 3, die Ebene der Institution Schule und Schulsystem berücksichtigt schulorganisatorische, curriculare und gesetzliche Vorgaben wie:
- Rahmenbedingungen (personell, baulich, räumlich, strukturell, zeitlich, sächlich, rechtlich …),
- kulturelle und sprachliche Aspekte,
- Schulkonzept,
- Curricula,
- Kooperation mit den Eltern,
- Öffentlichkeitsarbeit und Einbindung in Stadt, Gemeinde bzw. Sozialraum.

Die Analyse und Reflexion bezieht sich auf Teilnahme- und Teilhabechancen, auf Exklusionspraktiken bzw. -risiken auf der Basis aufgeführter Kriterien.

Ebene 4, die Ebene der Lehrpersonen/Teams (Subjektseite) berücksichtigt neben der Analyse der Ebenen 1–3
- Selbstreflexion, Selbstwahrnehmung, Selbstkontrolle,
- Haltungen zu den SchülerInnen,
- Haltungen zu inklusivem Unterricht,
- Beziehungen im Team, Kooperationen,
- Möglichkeiten der Unterstützung,
- Kenntnisse, Fähigkeiten, Kompetenzen für inklusiven Unterricht,

- Theorien, Erklärungen und Zugänge zu relevanten Themen mit Blick auf Inklusion,
- Befürchtungen, ungeklärte Fragen, Hindernisse
- Beziehungen zu den Eltern/Bezugspersonen.

Auch hier werden sowohl Exklusionspraktiken- und risiken als auch Inklusionschancen- und praktiken auszuloten sein.

Insgesamt betrachtet, ist die »reflexive Didaktik« ein Raum der Möglichkeiten des Lehrens und Lernens, des gemeinsamen Tätigseins und gemeinsamen Erlebens unter Berücksichtigung der Potenziale und Ressourcen jedes Einzelnen.

Entscheidend für eine auf Inklusion ausgerichtete Didaktik und Pädagogik ist:
- eine vorurteilsfreie (bzw. vorurteilsbewusste) Begegnung mit jedem Kind/jedem Jugendlichen;
- die Kenntnis und Nutzung verschiedener Kommunikations- und Dialogmöglichkeiten und
- ein Verständnis von Lernen und Entwicklung, welches kein Kind, keinen Jugendlichen ausschließt.

Im Kontext der »kulturhistorischen Schule« erscheint Entwicklung als krisenhafter, kontinuierlicher, zirkulärer Prozess (vgl. Jödecke 2005, 18 ff.). Die moderne Entwicklungspsychologie weist aus, dass »Räume von Sicherheit und Bindung eine wichtige Voraussetzung für den Aufbau kognitiver Strukturen« (Jantzen 2002, 13) und für Lernen und Entwicklung sind. Das stellt die Basis von zu schaffenden Möglichkeitsräumen für Entwicklung dar.

Lehrpersonen und Teams sind Lehrende und zugleich Lernende, Forschende, Beratende, Evaluierende, Kooperierende, Beziehung Gestaltende, Unterstützende und zugleich Unterstützung Empfangende.

Was bleibt offen bzw. ist noch ungeklärt?

Kinder und Jugendliche, die unter den Bedingungen schwer(st)er Behinderung leben

Immer wieder kommt die Diskussion um Inklusion im deutschsprachigen Raum an den Punkt Zweifel daran zu hegen, ob mit »Inklusion« auch wirklich *alle* gemeint sind. Vorbehalte gibt es zumeist gegenüber Kindern und Jugendlichen, die unter schwer(st)en bzw. Mehrfachbehinderungen leben. Es bestehen Befürchtungen, dass durch den »komplexen Unterstützungsbedarf«, der diesen SchülerInnen zumeist bescheinigt wird, Lehrpersonen/Teams bzw. Schulen überfordert sind. Andererseits wird auf die »speziellen« Bedarfe der Kinder und Jugendlichen verwiesen, die in einem Allgemeinen Schulsystem nicht zu realisieren wären (so die Kritiker).

Auch wenn hier zukünftig noch großer Forschungsbedarf besteht, sollen an der Stelle einige Erkenntnisse zusammengefasst werden:

> Eine Zusammenschau britischer Studien zeigt, dass insbesondere schulische Angebote für Kinder mit schwersten Behinderungen in inklusiven Settings oft qualitativ dürftig sind und den Erfordernissen dieser Kinder nicht entsprechen. Auch die soziale Involvierung und Akzeptanz dieser Kinder ist nicht durchgängig gegeben. (Biewer/Fasching 2012, 137, mit Bezug auf Cygman 2007 Avramidis/Wilde 2009, 324 ff.)

Meines Wissens ist weder das schulische Angebot noch die soziale Akzeptanz und Involvierung für den Förderschulbereich umfassend untersucht worden.

Dass Eltern im Bestreben um Integration bzw. Inklusion eine Schlüsselrolle einnehmen, ist bekannt. Nun zeigt eine belgische Studie zur *Inklusion von Kindern mit schweren Behinderungen im Primarschulalter* (Biewer/Fasching 2012, 123), wie Eltern in schulische Unterrichts-und Erziehungsplanungen einbezogen werden und ihre besondere Form der Kompetenz in die Lern- und Lehrplanung einbringen. Unterrichtsformen wurden modifiziert, Materialien angepasst und Beziehungen zwischen den Kindern initiiert. Inklusion wurde schließlich auch dort möglich, wo die Rahmenbedingungen zunächst unzureichend waren. Die Kooperation zwischen LehrerInnen und Eltern war sehr intensiv (vgl. Biewer/Fasching 2012, 123 f. mit Bezug auf Mortier u. a. 2009).

Eine norwegische Studie, in der »fast 500 Jugendliche aller Behinderungsarten und Schweregrade der Behinderung« (Preuß-Lausitz 2013, 29) untersucht wurden, zeigt auf, dass alle SchülerInnen sehr erfolgreich in »normalen Klassen«, in denen sie besondere »Förderung«[5] erhalten haben und mit Erfolgserwartungen konfrontiert wurden, unterrichtet werden können. Ergebnis war, dass der Schulerfolg bei Jugendlichen mit »schwer-mehrfacher« Behinderung gleich ist. So kommt Preuß-Lausitz zu dem Schluss »dass die verbreitete Vermutung, wenigstens diese Kinder bräuchten eine (kleinere) separate Lerngruppe, nicht bestätigt wurde« (Preuß-Lausitz 2013, 30).

Darüber hinaus ist anzumerken, dass auch in »inklusiven Kontexten« durch eine entsprechende didaktische Gestaltung des Unterrichts Lernen in kleinen Lerngruppen möglich ist.

Öffnen sich Schulen für Kinder und Jugendliche, die unter den Bedingungen von »schwersten bzw. mehrfachen Behinderungen« leben, machen sie in der Regel positive Erfahrungen, so beschreibt ein Lehrer Erfahrungen an einer Integrierten Gesamtschule in Köln wie folgt:

---

5   Ich nehme hier die Terminologie der Studie auf. Zum Begriff der »Förderung« hat es m. E. bislang noch keine intensive fachliche Auseinandersetzung gegeben.

> Diese SchülerInnen sind eine Herausforderung zumindest in systemischer und personaler Hinsicht, weil sie die inklusive Schule dazu nötigen, Prinzipien und auch liebgewonnene Gewohnheiten und Traditionen neu zu hinterfragen und zu ändern und weil andererseits in der inklusiven Schule die meist für die Förderschulen entwickelten und an ihnen erprobten Konzepte hinterfragt und in Teilen geändert werden müssen.
>
> Das ist allerdings kein Spezifikum des Unterrichts schwerstbehinderter SchülerInnen, sondern eine Grunderfahrung im Gemeinsamen Unterricht. Gleiches gilt natürlich auch für den weiten Bereich der sächlichen Ausstattung der Schulen, der in der Vergangenheit sehr häufig ins Feld geführt wurde, um die Beschulung dieser Schüler an allgemeinbildenden Schulen von vornherein zu verhindern. (Schwager 2013, 8)

Die Kinder und Jugendlichen werden als Bereicherung des Unterrichts bzw. des Schullebens erlebt. Die Herausforderungen bestehen darin:
- die Potenziale für Lernen und Entwicklung zu erkennen;
- verschiedene Möglichkeiten der Kommunikation in den Unterricht und das Schulleben zu integrieren;
- einen Unterricht anzubieten, der verschiedene Abstraktionsebenen berücksichtigt bzw.
- ggf. Unterricht, Pflege und Therapie zu verknüpfen.

Notwendig sind dazu Fort- und Weiterbildungen für LehrerInnen sowie begleitende Beratung und Unterstützung.

Curricula

Die Frage nach den Curricula in »inklusiven Kontexten« birgt Potenzial für weitere Diskussion bzw. Forschung!

In Deutschland werden Kinder und Jugendliche, die unter den Bedingungen von geistiger Behinderung oder Lernbehinderung leben, auch in der allgemeinen Schule nach spezifischen Richtlinien unterrichtet und erwerben einen entsprechenden Abschluss.

In NRW existieren vor allem für den Förderschwerpunkt »Geistige Entwicklung« ausschließlich veraltete und unbrauchbare Richtlinien. Mit der 9. Schulgesetzänderung wird empfohlen, die bestehenden Richtlinien zu überarbeiten.

Perspektivisch ist jedoch im Zuge der Umsetzung der inklusiven Idee über allgemeine, für *alle* SchülerInnen geltende Richtlinien bzw. Curricula zu diskutieren.

Aus-, Fort- und Weiterbildung

Die Entwicklung stellt auch die Aus-, Fort-und Weiterbildung vor veränderte Aufgaben.

Die Planung der neuen LehrerInnenausbildung nach dem LehrerInnenausbildungsgesetz in Nordrhein Westfalen (LABG 2009) verlief parallel zur Ratifizierung der UN-Konvention über die Rechte behinderter Menschen in Deutschland.

Berechtigt kann Kritik an der Planung des »neuen« Lehramtsstudienganges geübt werden, der die Differenzierung der Sonderpädagogiken aufrechterhält. Wie bisher werden zwei Fachrichtungen studiert (eine davon muss entweder der Förderschwerpunkt »Lernen« oder der Förderschwerpunkt »sozial-emotionale Entwicklung« sein). Dazu kommt das bildungswissenschaftliche Studium und das Studium von zwei Fächern (bzw. für die Grundschule zweier Lernbereiche).

Die gesetzliche Vorgabe sieht darüber hinaus für jeden angehenden Lehrer bzw. Lehrerin vor, sich mit sonderpädagogischen Fragestellungen, mit Deutsch als Zweitsprache und mit Schulsozialarbeit auseinanderzusetzen.

Modellartig wurde ein bildungswissenschaftliches Studium (Modellkolleg Bildungswissenschaften WS 2009/10 – SS 2011) an der Universität zu Köln erprobt (vgl. Rohr/Roth 2012). Dabei waren vier Module (Erziehen, Unterrichten, Beurteilen und Innovieren) zu absolvieren. Das Themenfeld »Inklusion« tangierte jedes Modul.

Engagierten KollegInnen des Departments »Heilpädagogik und Rehabilitation« an der Universität zu Köln ist es 2009 im Rahmen der Planung des neuen Lehramts für sonderpädagogische Förderung gelungen, das Themenfeld Inklusion im sonderpädagogischen Studium als Leitprämisse zu verankern. Inklusion wurde so zum Rahmenthema der aktuellen LehrerInnenausbildung in NRW. Dennoch, das LehrerInnenausbildungsgesetz sieht das Studium der verschiedenen Studienabschnitte, wie Bildungswissenschaft, die zwei Fächer und die Sonderpädagogik separat vor. Damit bleibt die bestehende Parallelität von Regel- und Sonderpädagogik bislang aufrechterhalten.

Erste Ideen zur Verknüpfung der Studienanteile unter Berücksichtigung des aktuell gültigen LehrerInnenausbildungsgesetzes in NRW (2009) sind:
- die Verankerung der Inklusion in den Bildungswissenschaften und in allen sonderpädagogischen Anteilen des Studiums,
- die Kooperation zwischen den Bildungswissenschaften/ Fachdidaktiken und der Sonderpädagogik,
- die Verknüpfung von Theorie- und Praxisphasen des Studiums.

Des Weiteren sind alle Arbeitsbereiche gefordert, die Seminare mit Schwerpunktsetzung auf Inklusion auszurichten. Beispielhaft steht dafür das Seminar »Inklusive Schulentwicklung im Kölner Raum« am Lehrstuhl »Pädagogik und Didaktik bei Menschen mit geistiger Behinderung« der Universität zu Köln. Dieses Seminar ist seit dem WS 2005/2006 etabliert und wird durch das DozentInnenteam in Kooperation mit den Studierenden und den Schulen kontinuierlich weiterentwickelt. Über zwei Semester arbeiten die Studierenden projektartig an ihren Forschungsvorhaben in enger Kooperation mit den Schulen.

Ziel dabei ist:
- die Auseinandersetzung mit relevanten Theorien und Begriffen,
- die Reflexion von schulischer Praxis,
- die Begleitung von Schulentwicklungsprozessen an den Partnerschulen,
- die Forschung unter Berücksichtigung von Fragestellungen der Studierenden und der Schulen.

Im Seminar erfolgt die Arbeit in Theoriewerkstätten zu
- humanwissenschaftlichen Diskursen u. a. aus Psychologie und Soziologie,
- Begriffen und Forschungsbefunden,
- nationalen und internationalen ebenso wie historischen und aktuellen Entwicklungen,
- diagnostischen und didaktischen Fragestellungen
- Forschungsmethoden, möglichen Untersuchungsdesigns bzw. zu Auswertung und Interpretation von erhobenen Daten.

Darüber hinaus erhalten die Studierenden die Gelegenheit, Schulen im Kölner Raum, die über langjährige integrative Erfahrungen verfügen oder sich auf den Weg in Richtung Inklusion begeben haben, kennenzulernen. Die Erfahrungen und Beobachtungen in der Schulpraxis werden im Seminar an der Universität reflektiert.

Zukünftig muss das Themenfeld »Inklusion« alle Bereiche des Lehramtsstudiums tangieren. Lehr- und Lerninhalte bzw. zu erwerbende Kompetenzen sind darauf auszurichten. Sowohl die erziehungs- bzw. bildungswissenschaftlichen als auch die sonder-, behinderten-, heilpädagogischen Anteile im Studium und die zu studierenden Fächer sind gefordert, bisherige Lehr-Lerninhalte zu überprüfen und mit Blick auf Inklusion zu verändern. Eine Kooperation bzw. Abstimmung von Bildungs-, Erziehungswissenschaften – Sonderpädagogik und Fachdidaktik(en) stellt eine notwendige Bedingung für ein Lehramtsstudium dar.

Im Kontext von Inklusion setzen sich die Studierenden mit speziellen Erziehungs- und Bildungsbedarfen vor dem Hintergrund allgemeiner Gesetzmäßigkeiten menschlicher Entwicklung auseinander (vgl. Stein/Lanwer 2006, 91). Die subjektorientierte Herangehensweise, u. a. eine historisch logische Perspektive auf Entwicklung zu entfalten, entspricht der inklusiven Idee.

Das Themenfeld »Inklusion« erfordert inter-, trans- bzw. multidisziplinäre Betrachtungen und Herangehensweisen. Das erhöht zwangsläufig die Komplexität in Lehr- und Lernprozessen, sichert aber zugleich die Ausbildung fundierter reflexiver Kompetenzen.

Wie bereits mehrfach erwähnt, sind Einstellungen und Überzeugungen von Lehrpersonen entscheidender Faktor für inklusive Schulbildung und Unterrichtspraxis (vgl. auch European Agency 2003, 13).

Notwendig ist die Auseinandersetzung mit
- den eigenen Einstellungen und Überzeugungen,
- der beruflichen Identität,
- dem Menschenbild,
- den Lehr-Lernkontexten,
- den Möglichkeiten der inneren Differenzierung,
- dem Bildungs- und Schulsystem und übergeordneten Prämissen bezüglich Bildung und Schule (z. B. gesellschaftliche, kulturelle und soziale Aspekte).

Grundpfeiler der Realisierung schulischer Bildungsprozesse ist die Überzeugung der Lehrperson, zuständig zu sein für alle Kinder und Jugendlichen (des Einzugsgebietes, der Klasse, der Schule), unabhängig von deren Kompetenzen und Dispositionen.

In der Ausbildung ist es deshalb notwendig, inhaltliche Schwerpunkte zu setzen wie z. B. die
- subjektorientierte »pädagogische Diagnostik«,
- Didaktik und die Reflexion komplexer Bildungs- und Unterrichtsprozesse,
- Teamarbeit bzw.
- Kooperation und Beratung.

Dabei sollten die in der Schulpraxis durch Praktika gewonnenen Erfahrungen in die Lehr-Lernprozesse im Studium einfließen und zum Gegenstand theoretisch fundierter Reflexion werden.

Fazit mit Blick auf Inklusion

Im deutschsprachigen Raum hat sich der Begriff »Inklusion« in rasanter Geschwindigkeit durchgesetzt. Einige Schulen sind auf dem Weg, andere sind noch unentschlossen und zögerlich.

Eine Schule, die Inklusion anstrebt, versteht sich als humane und demokratische Schule, in der jedes Kind/jeder Jugendliche
- anerkannt und wertgeschätzt wird,
- seine Potenziale nach seinem Möglichkeiten entfalten kann,
- in dialogische, kommunikative und kooperative Prozesse eingebunden ist bzw. wird.

Kennzeichnend ist dabei das Schaffen einer Schul- und Lernkultur, die ein gemeinsames Leben, Lernen und Arbeiten möglich macht.

Grundlegende Kompetenz für Inklusion ist die Haltung und Überzeugung der Lehrpersonen, Teams, Schulen, dass Prozesse des gemeinsamen Lernens, Lebens, Spielens, Arbeitens gelingen können und jede/jeder seinen eigenen Beitrag dazu leisten bzw. sich in diesem Prozess selbst verwirklichen und entwickeln kann.

Georg Feuser skizziert Grundwerte für die Qualität von integrativem Unterricht (die zugleich für Entwicklungen mit Blick auf Inklusion Gültigkeit haben) wie:

- die Unverletzbarkeit menschlicher Würde,
- die freie Entfaltung der Persönlichkeit,

- die uneingeschränkte soziale und inklusive Teilhabe an allen (Bildungs)angeboten.
- Alle dürfen alles lernen, jede/r auf ihre/seine Weise unter Gewährung der Hilfen, derer er/sie bedarf. (Feuser 2002, 82)

Qualität von Unterricht, so Feuser (2002, 71) muss sich an den Bedürfnissen der SchülerInnen orientieren, versteht sich als »Entwicklung induzierendes Lernen und (zielt auf, d.V.) einen entwicklungsniveauorientierten Erkenntniszuwachs« (Feuser 2002, 68). Alle an Schule Beteiligten sind in ein »vernünftiges kooperatives Zusammen- und Mitwirkungsverhältnis zu bringen« (Feuser 2002, 76).

Pädagogische Prozesse nehmen ihren Ausgangspunkt bei den Kompetenzen und Möglichkeiten von Kindern und Jugendlichen. Diese zu erkennen und anzuerkennen, scheint vielfach bei Kindern und Jugendlichen, die unter den Bedingungen von Behinderung leben, schwierig. Oftmals stehen dabei die zumeist negativ konnotierten Bilder, Vorstellungen bzw. Konstruktionen von »Behinderung« im Wege. Wolfgang Jantzen schreibt dazu wie folgt:

Dialektische Entschlüsselung bedeutet, dort Entwicklung zu denken, wo bisher Natur gedacht wurde, aber auch dort gesellschaftliche Beschränktheit, wo gegen die bloße Natur Menschenwürde und Freiheit absolut gesetzt wurden. Und ideologische Entschlüsselung bedeutet, über diese Aufdeckung hinaus, vor allem unsere Teilhabe an diesem Prozess wahrzunehmen, in dem wir, wie immer wir auch handeln, zugleich Teil der herrschenden Verhältnisse sind. (Jantzen 2000, S. 178)

Reflectere bedeutet »zurückbiegen«, aber auch »Rückstrahlung«, »Vertiefung in einen Gedankengang« bzw. »Selbstbeobachtung«. Das gilt als genereller Anspruch (vgl. auch Bourdieu/

Waquant 1996, 63) innerhalb der Pädagogik resp. Erziehungs- und Bildungswissenschaft.

Reflexion bezieht sich im schulischen Kontext
- auf das Verhältnis von Lehrpersonen und SchülerInnen,
- auf das Verhältnis der SchülerInnen untereinander,
- auf den pädagogischen Prozess mit Ziel, Inhalten, Methoden und Verfahren,
- auf die Analyse der Unterrichtsgegenstände,
- auf Lernfortschritte der Kinder, deren Möglichkeiten der Unterstützung,
- auf Teamarbeit,
- auf die Eltern/Bezugspersonen
- auf die Öffentlichkeit u. a. m.

In der Gesamtheit sind Inklusionschancen und -praktiken ebenso wie Exklusionsrisiken und -praktiken wahrzunehmen.

Durch Selbstreflexivität der Lehrpersonen können Übertragungs- und Gegenübertragungsmechanismen kontrolliert, Ängste, Distanzierungen und das eigene Involviertsein in die Prozesse wahrgenommen werden.

Die Reflexion der übergreifenden gesellschaftlichen, sozialen und institutionellen Zusammenhänge deckt die Bedingungen auf, unter denen Bildung und Erziehung im schulischen (bzw. nicht schulischen) Kontext stattfinden.

Zukünftig ist eine Didaktik auszuarbeiten, die die unterschiedlichen Reflexionsebenen berücksichtigt und den Schulen, Lehrpersonen, Teams (durchaus praktikabel) Möglichkeiten der didaktischen Umsetzung aufzeigt. Die Didaktik mit Blick auf Inklusion ist eine Didaktik für alle Kinder und Jugendliche.

Die LehrerInnenaus-, fort- und weiterbildung hat für die Entwicklung der Kompetenzen entscheidende Bedeutung. Das Themenfeld »Inklusion« muss alle Bereiche des Lehramtsstudiums tangieren. Zukünftig sind alle an Schule Beteiligte, so auch Lehrpersonen/Teams jeder Schulstufe mit dem Thema »Inklusion« zu konfrontieren. Sowohl die (allgemein) erziehungswissenschaftlichen als auch die sonder-, behinderten-, heilpädagogischen Anteile im Studium und die zu studierenden Fächer sind gefordert, traditionelle Gewissheiten und Zuständigkeitsbereiche infrage zu stellen bzw. aufzugeben. Lehr- und Lerninhalte bzw. zu erwerbende Kompetenzen sind mit Blick auf Inklusion auszurichten und abzustimmen. Das erfordert, bisherige Lehr-Lerninhalte zu überprüfen, zu verändern oder gänzlich zu verwerfen.

Lehrpersonen an Schulen sind auf Angebote der Fort- und Weiterbildung angewiesen. Diese sollen die Schulen, Lehrpersonen bzw. Teams unterstützen. Dabei wären zunächst die Bedarfe zu erfassen. Die Fort- und Weiterbildungen werden derzeit von unterschiedlichen Institutionen angeboten. Einen schnellen Überblick über die Angebote zu bekommen, ist schwierig. Daran wird vielerorts gearbeitet. So hat beispielsweise die Stadt Köln ein »Qualifizierungsnetzwerk« initiiert. In diesem werden alle Angebote der Stadt und die des näherem Umfelds von Köln erfasst. Offen bleibt bislang, wie die unterschiedlichen Angebote qualitativ abgesichert werden können.

Inklusion steht zusammengefasst für drei Aspekte:
- die Verschiedenheit von Menschen,
- die Teilhabe und Teilnahme an Bildungs- und sozialen Prozessen und
- eine offene und vorurteilsfreie (bzw. vorurteilsbewusste) Haltung und Überzeugung.

Neben diese Eckpfeiler können weitere Aspekte treten. Abbildung 6 soll dies symbolisieren.

Dabei bestimmen die BetrachterInnen selbst, was ihnen aus ihrer momentanen Situation heraus bedeutsam erscheint.

Das können z. B. die Ressourcen oder die didaktischen Möglichkeiten sein.

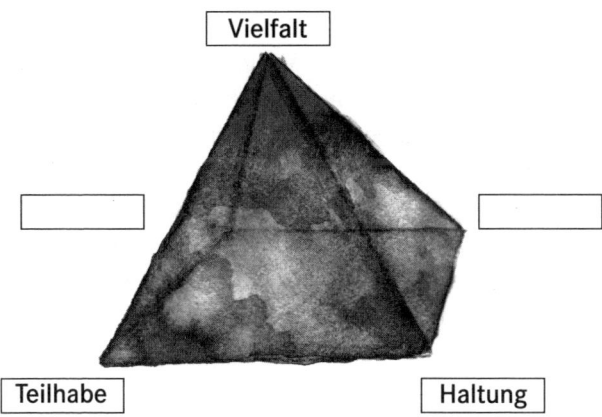

Abbildung 6: Inklusion aus der Sicht der BetrachterInnen

Entwicklungen mit Blick auf Inklusion gehen mit Veränderungen einher. Alte Gewohnheiten und traditionelle Pfade müssen verlassen werden. Das macht Angst (vgl. auch Hüther, 2011, 122).

Gerald Hüther berichtet von einer Tagung des Philologenverbandes. Auf dieser befragte er die Gymnasiallehrer »was aus ihrer Sicht die größte und bedeutendste pädagogische Leistung der letzten drei Jahrzehnte sei« (ebd., 123). Da »nur sehr spärliche Antworten kamen« (ebd.), erinnerte sich Gerald Hüther selbst:

> Alle Kinder mit Trisomie 21 (wurden, d.V.) als Mongoloide bezeichnet, die genetisch defizient, in ihrer Hirnentwicklung massiv gestört ... und natürlich unbeschulbar waren. Das war vor dreißig Jahren. Und heute haben die ersten ... ihr Abitur gemacht und ein Studium aufgenommen ... (ebd.)

Voraussetzung dazu wäre es, von Eltern, LehrerInnen und ErzieherInnen so angenommen und begleitet (zu werden, d.V.) wie im Folgenden von Gerald Hüther beschrieben:

> Liebevoll, zugewandt, ohne Vorurteile und ohne Erwartungen, ohne Druck und ohne Angst, einladend, ermutigend und inspirierend, mit Zuversicht und voll Vertrauen, und mit der ganzen didaktischen und methodischen Kompetenz, über die unsere moderne Pädagogik inzwischen verfügt. Wenn allen Kindern also das geboten würde, was alle Kinder und auch alle Erwachsenen mehr als irgendetwas anderes brauchen: Vertrauen. (Hüther 2011, 124)

Literatur

Alkemeyer, T.: Lernen und seine Körper. Habitusformungen und -umformungen in Bildungspraktiken. In: Friebertshäuser/Rieger-Ladich/Wigger 2006, 119–142
Astl, R.: Statement beim Gleichstellungsdialog. Schulische Integration beginnt bei den LehrerInnen. (Vortrag im Österreichischen Parlament in Wien am 29. Juni 2010) in: bidok: http://bidok.uibk.ac.at/library/astl-gleichstellungsdialog.html (Zugriff am 29.7.2013)
Avramidis, E./Wilde, A.: Evaluating the social impacts of inclusion through a multi-method research design. In: Education 3–13, 37, 2009, 323–334
Bollmeyer, H./Hüning-Meier, M.: Teilhabe an Erziehung und Bildung in der Schule – Das Partizipationsmodell für Inklusion von Beukelman und Mirenda. In: v. Loeper Literaturverlag/ISAAC-Gesellschaft für UK e. V.: Handbuch der Unterstützten Kommunikation. Karlsruhe 2012, 08.018022–08.018.029
Bielefeld, T.: Radikal-Lokales Lehren und Lernen – Die Konzeption von Mariane Hedegaard & Seth Chaiklin. In: Jantzen 2012, 62–113
Biewer, G./Fasching, H.: Von der Förderschule zum inklusiven Bildungssystem – die Perspektive der Schulentwicklung. In: Heimlich, U./Kahlert, J.: Inklusion in Schule und Unterricht. Stuttgart 2012, 117–152
Bourdieu, P.: Ökonomisches Kapital, kulturelles Kapital, soziales Kapital. In: Kreckel, R.: Soziale Ungleichheiten. Soziale Welt. Sonderband 2. Göttingen 1983, 183–198
– : Die verborgenen Mechanismen der Macht. Hamburg 1992
– : Soziologische Fragen. Frankfurt/M. 1993
– : Sozialer Sinn. Kritik der theoretischen Vernunft. Frankfurt/M. 1993
– : Das Elend der Welt. Konstanz 1998
– : Praktische Vernunft. Zur Theorie des Handelns. Frankfurt/M. 1998a
– : Wie die Kultur zum Bauern kommt. Hamburg 2001
– : Mediationen. Zur Kritik der scholastischen Vernunft. Frankfurt/M. 2001
–/Chamboredon, J.-C./Passeron, J.-C.: Soziologie als Beruf. Wissenschaftstheoretische Voraussetzungen soziologischer Erkenntnis. Berlin/New York 1991
–/Waquant, L.J.D.: Reflexive Anthropologie. Frankfurt/M. 1996

Bremer, H.: Die Notwendigkeit milieubezogener pädagogischer Reflexivität. Zum Zusammenhang von Habitus, Selbstlernen und sozialer Selektivität. In: Friebertshäuser/Rieger-Ladich/Wigger 2006, 289–308
Buber, M.: Das Dialogische Prinzip. Heidelberg 1984.
Bude, H.: Das Phänomen der Exklusion. In: Mittelweg 36, 4/2004
Castel, R.: Die Fallstricke des Exklusionsbegriffs. In: Mittelweg 36 3/2000, 11–25
Cloerkes, G.: Soziologie der Behinderten. Heidelberg 2001
Cygman, R.: Included or Excluded? The challenge oft he mainstream for some SEN children. Abingdon/New York 2007
Dederich, M.: Exklusion. In: Dederich, M./Greving, H./Mürner, Ch./Rödler, P.: Inklusion statt Integration? Heilpädagogik als Kulturtechnik. Gießen 2006, 11–27
– : Behinderung als sozial- und kulturwissenschaftliche Kategorie. In: Dederich, M./Jantzen, W.: Behinderung und Anerkennung. Stuttgart 2009, 15–40
Dieckhoff, K.-H.: Denken durch Handeln – Handeln durch Denken. In: Dieckhoff, K.-H./Roth, J.: Die Erneuerung der Schule durch Reflexion, München 2003
Dolch, J.: Grundbegriffe der pädagogischen Fachsprache. Nürnberg 1965
European Agency for Development in Special Needs Education/Meijer, C.J.W.: Integrative Schulbildung und Unterrichtspraxis. Abschlussbericht. Odense 2003. http://www.european-agency.org/publications/ereports/inclusive-education-and-classroom-practices/iecp-de.pdf/(Stand 16.07.2013)
Feuser, G.: Behinderte Kinder und Jugendliche – zwischen Integration und Aussonderung. Darmstadt 1995
– : »Geistige Behinderung« im Widerspruch. In: Greving/Gröschke 2000, 141–165
– : Prinzipien einer inklusiven Pädagogik. »Gemeinsame Erziehung, Bildung und Unterrichtung behinderter und nichtbehinderter Kinder und Jugendlicher in Kindergarten und Schule (Integration)«. In: Behinderte, 2/2001, 25–29
– : Qualitätsmerkmale integrativen Unterrichts. In: Behinderte in Familie, Schule und Gesellschaft. 2–3/2002a, 67–84
– : Die »Substituierend Dialogisch-Kooperative Handlungstherapie (SDKHT) – eine Basistherapie«. In: Feuser, G./Berger, E.: Erkennen und Handeln. Berlin 2002b, 349–378
– : Erkennen und Handeln. Integration muss gründlich gedacht und umgesetzt werden (Vortrag im Rahmen der Tagung »Erkennen und Handeln – eine Region stellt sich der Herausforderung: Integration« am 01.03.2008 in Reutte)

– : Integration und Inklusion als Möglichkeitsräume. In: Stein, A./Krach, S./
Niediek, I.: Integration und Inklusion auf dem Weg ins Gemeinwesen,
Möglichkeitsräume und Perspektiven. Bad Heilbrunn 2010, 17–31
– : Entwicklungslogische Didaktik. In: Kaiser, A./Schmetz, D./Wachtel, P./
Werner, B.: Didaktik und Unterricht. Stuttgart 2011, 86–100
– : Eine zukunftsfähige »Inklusive Bildung« – keine Sache der Beliebigkeit,
nicht nur in Bremen! In: Zeitschrift für Heilpädagogik, 12/2012, 492–502
– : Eine zukunftsfähige »Inklusive Bildung« – keine Sache der Beliebigkeit!
In: www.georg-feuser.com/conpresso/_data/Vortrag vom 6. Juni 2012a
in Bremen (abgerufen: 23.7.2013)
Friebertshäuser, B./Rieger-Ladich, M./Wigger, L.: Reflexive Erziehungswissenschaft. Wiesbaden 2006
Fries, A.: Einstellungen und Verhalten gegenüber körperbehinderten Menschen – aus der Sicht und im Erleben der Betroffenen. Oberhausen 2005
Galperin, P.J.: Zu Grundfragen der Psychologie. Köln 1980
Gerspach, M.: Wohin mit den Störern? Zur Sozialpädagogik der Verhaltensauffälligen. Stuttgart 1998
Glaser, B.G./Strauss, A.L.: Grounded theory. Strategien qualitativer Forschung. Bern/Göttingen/Toronto/Seattle 1998
Görner, H. & Kempcke, G.: Synonymwörterbuch. Leipzig 1976
Greving, H./Gröschke, D. (Hg.): Geistige Behinderung: Reflexionen zu einem Phantom; ein interdisziplinärer Diskurs um einen Problembegriff. Bad Heilbrunn 2000
Gründer, K.: Historisches Wörterbuch der Philosophie (HWPH), Band 8. Basel 2010
Hahn, A.: Identität, Nation und das Problem der Fremdheit in soziologischer Sicht. In: Heinze, Th.: Kultur und Wirtschaft. Perspektiven gemeinsamer Innovation. Opladen 1995, 21 ff.
Hausmann, G.: Didaktik als Dramaturgie des Unterrichts. Heidelberg 1959
Helmke, A.: Unterrichtsqualität und Lehrerprofessionalität. Seelze-Velber 2010
Hepp, R.-D.: Prekarisierung und epistemologische Wachsamkeit. In: Rehbein, B./Saalmann, G./Schwengel, H.: Pierre Bourdieus Theorie des Sozialen. Konstanz 2003, 251–270
– : Das Feld der Bildung in der Soziologie Pierre Bourdieus: Systematische Vorüberlegungen. In: Friebertshäuser/Rieger-Ladich/Wigger 2006, 21–40
Hierdeis, H. :Fremdheit als Ressource. Probleme und Chancen Interkultureller Kommunikation. studia (Studienbrief für die FernUniversität Hagen 2003). Innsbruck 2005
– : »Selbstreflexion als Element pädagogischer Professionalität«. Vortrag am Institut für Erziehungswissenschaften der Universität Innsbruck am 26.10.09 (unveröffentlichtes Manuskript)

– : Selbstreflexive Lehrerbildung. In: Göppel, R./Hirblinger, A./Hirblinger, H./Würker, A.: Schule als Bildungsort und »emotionaler Raum«. Opladen/Farmington Hills, MI 2010, 175–197
–/Walter, H.J.: Bildung – Beziehung – Psychoanalyse. Beiträge zu einem psychoanalytischen Bildungsverständnis. Bad Heilbrunn 2008
Heimlich, U.: Einleitung: Inklusion und Sonderpädagogik. In: Heimlich, U./Kahlert, J: Inklusion in Schule und Unterricht. Stuttgart 2012, 9–26
Hinz, A.: Inklusive Pädagogik in der Schule – veränderter Orientierungsrahmen für die schulische Sonderpädagogik!? Oder doch deren Ende?? In: Zeitschrift für Heilpädagogik 5/2009, 171–179
Hüther, G.: Was wir sind und was wir sein könnten. Frankfurt/M. 2011
Jantzen, W.: Geistige Behinderung ist kein Phantom – Über die soziale Wirklichkeit einer naturalisierten Tatsache. In: Greving/Gröschke 2000, 166–178
– : Behindertenpädagogik. In: Bernhard, A./Rothermel, L.: Handbuch Kritische Pädagogik. Weinheim/Basel 2001, 280–290
– : Vygotskij und das Problem der elementaren Einheit psychischer Prozesse. In: Jantzen, W.: Jeder Mensch kann lernen. Neuwied/Kriftel/Berlin 2001a, 221–243
– : Materialistische Behindertenpädagogik als basale und allgemeine Pädagogik. In: Bernhard, A./Kremer, A./Riedel, F. (Hg.): Kritische Erziehungswissenschaft zwischen Bildungsreform und Restauration. Hohengehren 2002
– : Identitätsentwicklung und pädagogische Situation behinderter Kinder und Jugendlicher. In: Sachverständigenkommission 2002, 317–394
– : Allgemeine Behindertenpädagogik: Konstitution und Systematik. In: Horster, D./Jantzen, W.: Wissenschaftstheorie. Stuttgart 2010, 15–46
– : Kulturhistorische Didaktik. Berlin 2012
– : Kulturhistorische Didaktik und soziokulturelle Situation – Ein Bericht aus einem Forschungsprojekt in Brasilien. In: ders. Kulturhistorische Didaktik. Berlin 2012, 367–416
–/Lanwer-Koppelin, W.: Diagnostik als Rehistorisierung. Methodologie und Praxis einer verstehenden Diagnostik am Beispiel schwer behinderter Menschen. Berlin 1996
Jeltsch-Schudel, B.: Zusammenarbeit von Eltern und Fachleuten zur Erkennung von Down-Syndrom-Plus. In: Wilken/Jeltsch-Schudel 2003, 102–116
Jödecke, M.: Alter Wein in neuen Schläuchen? Versuch zur Geometrie der Altersstufen (Elkonin) und deren (heil-)pädagogischen Implikationen. Mitteilungen der Luria-Gesellschaft 12–1/2005, 18–29
Kaiser, A./Schmetz, D./Wachtel, P./Werner, B.: Didaktik und Unterricht. Stuttgart 2011
Kegler, U.: In Zukunft lernen wir anders. Weinheim/Basel 2009

Klauss, Th.: Das Recht auf Bildung als Kern der Qualitätssicherung für SchülerInnen mit geistiger Behinderung. Vierteljahresschrift der Heilpädagogik und ihrer Nachbargebiete 69-2/2000, 410-412
Klein, F./Meinerts/F./Klausen, R.: Heilpädagogik. Bad Heilbrunn 1999
Köpfer, A.: Das Methods & Resource Team als Koordinationsstelle einer inklusiven Schule. In: Mittendrin e. V.: Eine Schule für alle. Inklusion umsetzen in der Sekundarstufe. Mühlheim an der Ruhr 2012, 322-325
Köpfer, A.: Inclusion in Canada. Bad Heilbrunn 2013
Krais, B./Gebauer, G.: Habitus. Bielefeld 2002
Kronauer, M.: Exklusion. Die Gefährdung des Sozialen im hoch entwickelten Kapitalismus. Frankfurt/M./New York 2. Aufl. 2010
Landtag Nordrhein-Westfalen (2013): Gesetzesentwurf der Landesregierung. Erstes Gesetz zur Umsetzung der VN-Behindertenrechtskonvention in den Schulen (9.Schulrechtsänderungsgesetz). Drucksache 16/2432. http://www.landtag.nrw.de/portal/WWW/dokumentenarchiv/Dokument/MMD16-2432.pdf (31.07.2013)
Lange-Vester, A.: Bildungsaußenseiter. Sozialdiagnosen in der »Gesellschaft mit begrenzter Haftung«. In: Friebertshäuser/Rieger-Ladich/Wigger 2006, 269-288
Langner, A.: Inklusion - eine »enorme« Kraftanstrengung für Eltern. Bestandsaufnahme. Neu-Ulm 2012
Lanwer, W.: Integration und integrierte Therapie. Aspekte der Bedeutung der Tätigkeitstheorie für die integrierte Physiotherapie. In: Siebert, B.: Integrative Pädagogik und die Kulturhistorische Theorie. Frankfurt/M./Berlin/Bern 2010, 177-196
Liebau; E.: Der Störenfried. Warum Pädagogen Bourdieu nicht mögen. In: Friebertshäuser/Rieger-Ladich/Wigger 2006, 41-58
Lurija, A.R.: Das Gehirn in Aktion. Einführung in die Neuropsychologie. Reinbek b. Hamburg 1992
- : Romantische Wissenschaft. Reinbek b. Hamburg 1993
Meyer, H.: Leitfaden Unterrichtsvorbereitung. Berlin 2011
Ministerium für Schule und Weiterbildung des Landes Nordrhein-Westfalen: Gesetz über die Ausbildung für Lehrämter an öffentlichen Schulen (Lehrerausbildungsgesetz - LABG). http://www.schulministerium.nrw.de/BP/Schulrecht/Lehrerausbildung/LABG_Fassung_12_05_2009.pdf (31.07.2013)
Mortier, K./Hunt, P./Desimpel, L./Van Hove, G.: With parents at the table: creating supports for children with disabilities in general education classrooms. In: European Journal of Spexial Needs Education 24, 2009, 337-354
Mühlhausen, U.: Unterrichten mit Gespür lernen. Hohengehren 2006
-/Pabst, J.: Reflexionsqualität entwickeln und beurteilen. In: Mühlhausen 2006, 209-238

Negt, O.: Arbeit und menschliche Würde. Göttingen 2001

Niedecken, D.: Geistig Behinderte verstehen. München 1993

Niederstätter, H.O.: 35 Jahre Integration. Eine Schule für alle ist möglich. In: INFO. Autonome Provinz Bozen, Deutsches Bildungsressort 11/2012, 29

Posch, P.: Wieviel Eigeninitiative verträgt die Schule? In: Dieckhoff, K.-H./ Roth, J.: Die Erneuerung der Schule durch Reflexion. München 2010, 35–51

Preuß-Lausitz, U.: Zu Anforderungen an die Zukunftsfähigkeit unserer Schulen. In: Brodkorb, M./Koch, K.: Inklusion – Ende des gegliederten Schulsystems? Zweiter Inklusionskongress M-V. Dokumentation. Schwerin 2013, 19–88

Ricken, N.: Allgemeine Pädagogik. In: Kaiser, A./Schmetz, D./Wachtel, P./ Werner, B.: Bildung und Erziehung. Stuttgart 2010, 15–42

Rieger-Ladich, M.: Pierre Bourdieus Theorie des wissenschaftlichen Feldes: Ein Reflexionsangebot an die Erziehungswissenschaft. In: Friebertshäuser/Rieger-Ladich/Wigger 2006, 157–176

Ritter, J./Gründer, K.: Historisches Wörterbuch der Philosophie. Band 4 (I-K). Stuttgart/Basel 1976

Rohr, D./Roth, H.-J.: Bildungswissenschaften: das Kölner Modell von der Erprobung zur Implementierung. Münster/New York/München/Berlin 2012.

Rothermel, L.: Pädagogik als Wissenschaft. In: Bernhard, A./Rothermel, L.: Handbuch Kritische Pädagogik. Weinheim/Basel 2001,19–27

Sachverständigenkommission: 11. Kinder- und Jugendbericht. Band 4: Gesundheit und Behinderung im Leben von Kindern und Jugendlichen. München 2002

Schnell, I.: An den Kindern kann's nicht liegen … Zum aktuellen Stand gemeinsamen Lernens von Mädchen und Jungen mit und ohne sonderpädagogischen Förderbedarf in der Bundesrepublik Deutschland. In: bidok: http://bidok.uibk.ac.at/library/schnell-schule.html (Zugriff am 16.7.2013)

Scholz, O.: Vorstellungen von Vorstellungen. In: von Savigny, E. : a. a. O., 191–214

Schwager, M.: Schwerstbehinderte Schülerinnen und Schüler in der inklusiven Schule – Herausforderung oder Grenze? Erscheint in: Kongressbericht des sonderpädagogischen Kongresses in Weimar »Herausforderung Inklusion« 2013, 1–9

Schwingel, M.: Analytik der Kämpfe. Macht und Herrschaft in der Soziologie Bourdieus. Hamburg 1993.

Schwingel, M.: Pierre Bourdieu zur Einführung. Hamburg 1995

Seifert, M.: Mütter und Väter von Kindern mit Behinderung. Herausforderungen, Erfahrungen und Perspektiven. In: Wilken/Jeltsch-Schudel 2003, 43–59

Siebert, B.: Unterricht und Lernen. In: Didaktik und Unterricht. Enzyklopädisches Handbuch der Behindertenpädagogik, Band 4. Stuttgart 2011, 15–42

Sekretariat der Ständigen Konferenz der Länder in der BRD (1994): Empfehlungen zur Sonderpädagogischen Förderung in den Schulen in der Bundesrepublik Deutschland. http://www.kmk.org/fileadmin/veroeffentlichungen_beschluesse/1994/1994_05_06-Empfehl-Sonderpaedagogische-Foerderung.pdf (31.07.2013)

Stein, A./Lanwer, W.: Von der Möglichkeit zur Wirklichkeit – Anmerkungen zum Studium »Inclusive Education« ... In: Dederich/Greving/Mürner/Rödler 2006, 86–97

Strauss, A./Corbin, J.: Grounded theory. Grundlagen qualitativer Forschung. Weinheim 1996

UN General Assembly (2006): Convention on the Rights of Persons with Disabilities. Zugriff am 02.06.2013. http://www.un.org/disabilities/convention/conventionfull.shtml.

Von Savigny, E.: Ludwig Wittgenstein: Philosophische Untersuchungen 1998.

Vorwerg, M./Schröder, H.: Persönlichkeitspsychologische Grundlagen interpersonalen Verhaltens. Band 1 & 2. Leipzig 1980 (unveröffentlichtes Manuskript)

Vygotskij, L.S.: Das Problem der Altersstufen. In: Ders., Ausgewählte Schriften, Bd. 2. Köln 1987, 53–90

– : Zur Frage kompensatorischer Prozesse in der Entwicklung des geistig behinderten Kindes. In: Jantzen, Wolfgang (Hg.): Jeder Mensch kann lernen – Perspektiven einer kulturhistorischen (Behinderten-)Pädagogik. Neuwied/Berlin 2001, 109–134

Waldschmidt, A.: Existenzsicherung – ein soziales Recht? Überlegungen zur Theorie der Behindertenpolitik unter Berücksichtigung von Menschen mit schwerer Behinderung. In: Grüber, K./Dederich, M.: Herausforderungen – Mit schwerer Behinderung leben. Veröffentlichung des Instituts Mensch, Ethik und Wissenschaft, Frankfurt/M. 2007, 61–74

Waquandt, L.J.D.: Für eine wissenschaftstheoretische Reflexivität. In: Bourdieu, P./Waquandt, L.J.D.: Reflexive Anthropologie. Frankfurt/M. 1996, 62–76

Weiss, H.: Frühförderung als protektive Maßnahme – Resilienz im Kleinkindalter. In: Opp, G./Fingerle, M./Freytag, A. (Hg.): Was Kinder stärkt. Erziehung zwischen Risiko und Resilienz. München 1999, 124–141

Wigger, L.: Habitus und Bildung. Einige Überlegungen zum Zusammenhang von Habitusformationen und Bildungsprozessen. In: Friebertshäuser/Rieger-Ladich/Wigger 2006, 101–118

Wilken, U./Jeltsch-Schudel, B.: Eltern behinderter Kinder. Stuttgart 2003

Wünsch, H.: Denken provozieren im Biologieunterricht – Das Unterrichtskonzept A-K. In: Ziemen, K.: Reflexive Didaktik. Oberhausen 2008, 195–214

Wygotski, L.S.: Denken und Sprechen. Berlin 1964

– : Zur Psychologie und Pädagogik der kindlichen Defektivität. In: Die Sonderschule, 20.Jg. 2, 1975, 65–72
– : Ausgewählte Schriften. Band 2. Berlin 1987
Ziemen, K.: Das bislang ungeklärte Phänomen der Kompetenz – Kompetenzen von Eltern behinderter Kinder. Butzbach-Griedel 2002
– : Pierre Bourdieu oder auf die Unterschiede kommt es an. In: Mitteilungen der Luria-Gesellschaft 2/2002a, 53–58
– : Integrative Pädagogik und Didaktik. Aachen 2003
– : Das integrative Feld im Spiegel der Soziologie Pierre Bourdieus. In: Forster, R.: Soziologie im Kontext von Behinderung. Bad Heilbrunn 2004, 264–277
– : Familien mit behinderten Kindern und Jugendlichen. In: Behinderte in Familie, Schule und Gesellschaft 6/2004a, 48–59
– : Bilder, Vorstellungen, Konstruktionen um Behinderung. In: Behinderte 2/2006, 3
– : Reflexive Didaktik. Annäherungen an eine Schule für alle. Oberhausen 2008
– : Inklusion und »kulturhistorisches« Denken. In: Ziemen, K./Langner, A./Köpfer, A./Erbring, S.: Inklusion – Herausforderungen, Chancen und Perspektiven. Hamburg 2011, 9–20
– : Reflexion komplexer Unterrichtsprozesse. In: Feuser, G./Maschke, T.: Lehrerbildung auf dem Prüfstand. Welche Qualifikationen braucht die inklusive Schule? Edition psychosozial, Gießen 2013
Zimpel, A.: Einander helfen. Göttingen 2012

Wenn Sie weiterlesen möchten ...

Ingvelde Scholz (Hg.)
Begabtenförderung - ganz praktisch

Wie kann es Lehrkräften gelingen, intellektuell besonders begabte Kinder und Jugendliche frühzeitig zu erkennen, sie zu begleiten und angemessen zu fördern?

Das Buch eröffnet praxisorientierte Einblicke in dieses vielschichtige Thema und zeigt, wie der Umgang mit besonders begabten Kindern und Jugendlichen im ganz normalen Schulalltag gelingen kann.

Ingvelde Scholz (Hg.)
Der Spagat zwischen Fördern und Fordern
Unterrichten in heterogenen Klassen

Das Autorenteam stellt Anregungen für das Unterrichten in heterogenen Lerngruppen vor, die in verschiedenen Schulen, Klassenstufen und Fächern erprobt wurden. Die zahlreichen Kopiervorlagen können unmittelbar im Unterricht eingesetzt werden. Ein besonderer Schwerpunkt liegt auf der adäquaten Leistungsbewertung.

Dirk Kutting
Lehrer und Fallberatung
Kollegiale Selbsthilfe

»LehrerInnen sind nicht beratungsresistent«, so lautet die zentrale Aussage von Dirk Kutting. Aber wenn Beratung »von oben« verordnet wird oder wenn die ministeriellen Vorgaben zu abstrakt bleiben, dann ist die Umsetzung im Alltag oft schwierig. Hier setzt die Kollegiale Beratung an. Dabei geht es um die Erfahrung, dass die persönlichen und fachlichen Ressourcen von KollegInnen für die Verbesserung der eigenen Professionalität genutzt werden können. Dirk Kutting vermittelt einen unverkrampften Umgang mit systemischer Fallberatung und stellt nützliche Modelle, Methoden und Übungen vor.

Christina Krause / Claude-Hélène Mayer
Gesundheitsressourcen erkennen und fördern
Training für pädagogische Fachkräfte

Das Training hat sich vielfach zur gesundheitsförderlichen Bewältigung der Belastungen, denen pädagogische Fachkräfte ausgesetzt sind, bewährt und basiert auf dem salutogenetischen Ansatz von Aaron Antonovsky. Es beinhaltet eine Reihe von konkreten Vorschlägen und Übungen, die thematisch nach Lernzielen und Lerninhalten geordnet sind und auf der Grundlage von Aufgaben umgesetzt werden können.

Silke Pfeiffer
Reformpädagogische Konzepte
Geschichte und Theorie der Frühpädagogik

Das Fachbuch stellt nicht allein die einzelnen pädagogischen Ansätze vor, sondern zeigt vor allem die Zusammenhänge im pädagogischen Denken auf.

Vieles, was wir heute für richtig halten, wurde auch schon vor hundert Jahren gedacht. Manches, was wir heute für etwas Neues halten, wurde in konsequenterer Weise in früheren Reformprojekten probiert. Es ist wichtig zu wissen, woher die Dinge kommen, wie sie gesellschaftlich eingebettet waren und sind. Viele pädagogische Gedanken, die ursprünglich gar nicht auf die frühe Kindheit ausgerichtet waren, sind es wert einmal für diesen Bereich geprüft zu werden.

Silke Pfeiffer
Lernwerkstätten und Projekte in der Kita
Handlungsorientierung und entdeckendes Lernen

Was muss man über die Struktur, die Ziele und die Bedeutsamkeit offener Bildungsprozesse wissen? Wie kann man auf die Bildungsvoraussetzungen von Kindern eingehen? Und wie können die Bildungsprozesse in Werkstattphasen beobachtet und dokumentiert werden? Der Band ist als umfassendes Standardwerk konzipiert, das alle Beteiligten – erfahrene PädagogInnen, angehende ErzieherInnen, Eltern und Kinder – in das Vorgehen einbezieht und zu Wort kommen lässt.

Irit Wyrobnik (Hg.)
Wie man ein Kind stärken kann
Ein Handbuch für Kita und Familie

Wie können wir Kinder in wichtigen Übergangssituationen stärken, z. B. beim Übergang von der Familie in den Kindergarten? Wie werden wir unterschiedlichen Kindern gerecht, z.b. Mädchen, Jungen, Kindern mit Migrationshintergrund? Welche Medien, Formen und Bildungsgelegenheiten können hierbei besonders hilfreich sein? Wie kann man etwa Kinder unterstützen, die ein Familienmitglied verloren haben oder in Trennungs- / Scheidungsfamilien aufwachsen? Viele Fragen – viele wissenschaftlich und elementarpädagogisch fundierte Antworten für Kita und Familien!

Marita Dobrick
Demokratie in Kinderschuhen
Partizipation & KiTas

Partizipation, die schon im Kindergarten gelebt, erfahren und begriffen wird, ist ein positiver Erfahrungsschatz, der die Kinder in ihrer Entwicklung stärkt und für ein Leben als mündige und selbstbestimmte Heranwachsende rüstet. Ausgehend vom humanistischen Menschenbild plädiert Marita Dobrick dafür, Kindern echte Wahlmöglichkeiten zuzugestehen, ihnen Entscheidungsfreiräume zu geben, und ggf. mit ihnen Kompromisse auszuhandeln. Man darf Kindern vertrauen und man kann ihnen etwas zutrauen.

Der Weg zur inklusiven Lernkultur

V&R

André Frank Zimpel
Einander helfen
Der Weg zur inklusiven Lernkultur
2012. 204 Seiten, mit 27 Abb., kartoniert
ISBN 978-3-525-70143-0

eBook: ISBN 978-3-647-70143-1

Wer viel hat, dem wird gegeben; wer wenig hat, dem wird genommen. Diese Faustformel, auch Matthäus-Effekt genannt, untergräbt die Demokratie und droht unsere Gesellschaft zu spalten.

Sinnvolle Maßnahmen zielen deshalb immer auf Normalisierung: Stärkere helfen Schwächeren. Dasselbe sollte natürlich auch für unser Bildungssystem gelten. Chancengleichheit allein genügt nicht, weil sie viele Fragen offen lässt, wie zum Beispiel: Wie stärkt man möglichst alle Lernenden im gemeinsamen Unterricht? Wie pluralisiert man die Lernwege so, dass niemand auf der Strecke bleibt? Wie vermeidet man bei möglichst allen Lernenden schwächende Frustrationserlebnisse, die als Aversionen die weitere Lernbiografie beeinträchtigen könnten?

Vandenhoeck & Ruprecht

Unterrichten in heterogenen Lerngruppen

V&R

Ingvelde Scholz
Das heterogene Klassenzimmer
Differenziert unterrichten
2012. 131 Seiten, mit 15 Tabellen, kart.
ISBN 978-3-525-70133-1

eBook: ISBN 978-3-647-70133-2

Kinder und Jugendliche unterscheiden sich im Hinblick auf ihre Fähigkeiten, ihre Leistungsbereitschaft, ihre Lernwege wie auch bezüglich ihres Geschlechts, ihres soziokulturellen Hintergrunds etc.

Viele Lehrkräfte fühlen sich mit einer heterogenen Unterrichtssituation allein gelassen und suchen nach alltagstauglichen Methoden, mit denen alle Schülerinnen und Schüler gefördert und gefordert werden können. Das Buch enthält praxisorientierte Anregungen zum Umgang mit heterogenen Lerngruppen und zeigt Handlungsansätze zum pädagogischen Umgang mit Vielfalt auf.

Vandenhoeck & Ruprecht